GÉOPOLITIQUE DU MOUSTIQUE

Erik Orsenna
de l'Académie française

DR Isabelle de Saint Aubin

Géopolitique du moustique

Petit précis de mondialisation IV

Fayard

Couverture Josseline Rivière

ISBN : 978-2-213-70134-9
Dépôt légal : avril 2017

Pour Éric,
né à Mouila,
sur une rive de la N'gounié,
au pays des moustiques.

Mais quand, à travers le pâle été, août, comme un grand oiseau langoureux, volait lentement vers le déclin et la mort, ils devenaient gros et méchants ; affairés comme des entrepreneurs de pompes funèbres, rusés comme des prêteurs sur gages, inévitables et sûrs d'eux comme des politiciens, ils étaient venus vers la ville pleins d'une convoitise de paysans, unis comme les membres d'une équipe de football, monstrueux et sans dignité. Ils étaient une plaie publique vue par le mauvais bout de la lorgnette : en somme, c'était la majesté même du destin devenue méprisante à force de présence et de répétition.

Moustiques, William FAULKNER

INTRODUCTION

Quelle malédiction nous frappe ?

Que nous veulent ces petites bêtes qui, toute la nuit, vrombissent à nos oreilles ?

Et pourquoi, chez elles, tant d'acharnement malveillant ?

Pourquoi nous piquer ainsi, sans relâche ?

Quel mal leur avons-nous fait ? En quelle vaste revanche sont-elles engagées ?

Et quelles sont ces fièvres qui nous assaillent peu après ? Ces fatigues qui nous font vaciller au lieu de marcher ? Ces maux de tête à hurler ? Et ces hémorragies, ce cœur qui bat la chamade sans plus de sang à pomper ? Et pourquoi viennent soudain au monde des bébés à la tête trop petite ?

On les dit venir d'Asie, ces petites bêtes. On les dit venir d'Afrique. On croyait les avoir chassées d'Europe. Peine perdue. Non seulement elles sont revenues, mais elles s'incrustent. Elles se sont installées aussi dans les deux Amériques. Il faut donc qu'elles circulent par air, par terre, par mer, par tous les transports possibles.

Ce n'est pas nous qui allons leur reprocher ce goût du voyage.

Bref, les moustiques sont là.

Depuis des années, j'observe, fasciné, leurs manèges et leur stratégie de conquête.

À force, j'ai appris leur langue.

Si vous saviez comme ils s'amusent de nous entendre doctement discourir de « mondialisation », depuis le temps qu'ils ont pris pour terrain de jeu notre planète entière !

Demandez-leur les méthodes. En matière de domination discrète et générale, comparés aux anophèles ou à l'*Aedes albopictus*, les occupants des paradis fiscaux ne sont qu'enfants de chœur.

Alors, voulez-vous en savoir plus sur ces envahisseurs ?

*

* *

Pour tenter d'expliquer le fonctionnement de notre chère planète, j'ai déjà exploré le coton, l'eau, le papier.

M'attaquant cette fois aux moustiques, population redoutable, diverse et changeante, j'avais besoin d'alliances. Isabelle de Saint Aubin n'a pas refusé de m'apporter son concours. Son père, ingénieur agronome, a dressé l'inventaire de la forêt gabonaise. C'est ainsi que la petite Isabelle a grandi sur les bords du fleuve Ogooué, nourrie à des biberons pimentés de Nivaquine, vivant dans des cases régulièrement aspergées de Flytox, et bien protégée la nuit par des moustiquaires. Avouons que, parfois, je me demande – pour expliquer certains comportements pour le moins bizarres d'Isabelle – s'il ne faut pas en chercher la cause dans l'intimité de ses premières années en présence de tant de chimie… Toujours est-il qu'elle est devenue docteur en médecine. Sans doute l'exemple d'Albert Schweitzer : il œuvrait non loin, à Lambaréné, sur les rives du même fleuve Ogooué. Notons au passage que, en dialecte galoa, *lambarene* veut dire « nous allons essayer ».

Vers ce royaume foisonnant, où les entomologistes ont déjà repéré *trois mille cinq cent soixante-quatre* espèces, mieux vaut partir avec des questions simples à propos des moustiques.

Qui sont-ils ?

Où vivent-ils ?

Comment s'en débarrasser ?

Nous vous réservons quelques surprises.

Dont celle-ci, évidente pour certains, infiniment dérangeante pour beaucoup : nous (ces animaux singuliers qu'on appelle les humains) sommes loin de nous montrer les plus habiles dans cette occupation prioritaire qu'est le métier de vivre.

Entre nous et les moustiques, une relation intime a commencé. Dès les premiers âges de l'espèce humaine.

Quand, au cœur de la nuit, ils vrombissent à nos oreilles, c'est notre histoire qu'ils racontent.

Au lieu de tant nous agacer, prêtons-leur un peu d'attention.

PREMIÈRE PARTIE

Qui sont-ils ?

Éloge des insectes

Au cœur du vieux Paris, la porte du 57, rue Cuvier ouvre sur un pays de merveilles.

Dès le XVIe siècle, un apothicaire ami du genre humain y donnait, ouverts à tous, des cours d'herboristerie. En 1635, Guy de La Brosse, médecin du roi Louis XIII, convainc l'apothicaire de créer un jardin de plantes médicinales. La Révolution élargit son objet en créant, le 10 juin 1793, le Muséum nationale d'histoire naturelle. Sa mission est triple : instruire le public, constituer des collections et développer la recherche.

J'aime y déambuler parmi les grands arbres, me rappeler les étapes de l'Évolution, me perdre dans les temps géologiques en découvrant l'âge des plus belles de nos pierres, voyager, grâce aux serres, sur tous les continents…

C'est là que Gilles Bœuf veut bien me donner quelques leçons de vie.

Cet homme fraternel et lumineux présida longtemps l'institution. En hommage aux services rendus, on lui a laissé le bureau de son très illustre prédécesseur : Georges-Louis Leclerc, comte de Buffon (1707-1788), auteur d'une légendaire *Histoire naturelle* en trente-six volumes. Par ailleurs, l'un des plus grands écrivains français.

Un exemple de son style ? Sa description du cheval :

> « La plus noble conquête que l'homme ait jamais faite est celle de ce fier et fougueux animal qui partage avec lui les fatigues de la guerre et la gloire des combats ; aussi intrépide que son maître, le cheval voit le péril et l'affronte ; il se fait au bruit des armes, il l'aime, il le cherche et s'enivre de la même ardeur ; il partage aussi ses plaisirs ; il chasse, aux tournois, à la course, il brille, il étincelle ; mais, docile autant que courageux, il ne se laisse point emporter à son feu, il sait réprimer ses mouvements [...] ; c'est une créature qui renonce à son être pour n'exister que par la volonté d'un autre... »

Ce matin-là de mars, je venais visiter le grand Gilles Bœuf, pour cause de recherche sur les « maladies à vecteur ».

« Ah, les insectes ! »

Quelques simples chiffres qu'il fit défiler m'aidèrent à cadrer le sujet.

« Si l'on excepte les bactéries et les virus, notre Terre abrite six cent vingt mille espèces de champignons, trois cent cinquante mille espèces de plantes et huit millions d'espèces animales. Parmi lesquelles les vertébrés, dont nous sommes, ne comptent que pour... huit mille. »

« Car l'immense majorité des animaux sont des arthropodes, c'est-à-dire des êtres dotés de pattes articulées et de carapaces pour compenser l'absence de colonne vertébrale. On y trouve les crustacés (dont le cher homard), les myriapodes (les mille-pattes… qui en possèdent rarement plus de cent), les arachnides (les araignées) et… les insectes. »

À ce moment, le phrasé de Gilles Bœuf s'était ralenti. Dans ses yeux, la solennité avait remplacé la malice habituelle. Nous entrions dans l'admiration. J'ai bien cru que mon très savant ami allait me demander de me lever et de me découvrir, même si ma calvitie ne s'abritait sous aucun chapeau.

« Te rends-tu compte ? Nous avons déjà répertorié plus de trois millions d'espèces d'insectes ! Et, chaque année, nous en découvrons plus de dix mille nouvelles ! Où arrêterons-nous ? À cinq, six millions ? Tiens, voilà un exemple, un exemple de chez nous, où la prolifération est bien moins grande que sous les Tropiques. La forêt de la Massane, dans les Pyrénées-Orientales. Sur trois cents hectares – qu'est-ce que trois cents hectares ? rien du tout, un confetti –, on a compté trois mille cinq cents espèces d'insectes ! »

Pour ne pas gâter cet enthousiasme, j'ai caché mon effroi. Combien de temps, nous, rares humains dans ce grouillement, résisterions-nous à cette foule ?

D'une voix un peu blanche, j'ai demandé la date de l'arrivée sur Terre de ces petites bêtes si fécondes.

« Quatre cents millions d'années ! Les premiers sont les filles et fils des crustacés marins. Mais, cinquante millions d'années plus tard, leur nombre s'est multiplié avec le surgissement des vastes forêts du Carbonifère, un environnement qui leur convenait.

« Passent deux cents autres millions d'années et commence une nouvelle formidable aventure du vivant : l'évolution croisée des plantes et des insectes. Parmi ceux-ci, près de deux cent mille sont des pollinisateurs. »

Gilles Bœuf est parti dans l'une de ses promenades scientifico-lyriques. Alors, personne ne peut plus l'interrompre.

« Quand je pense que nous nous glorifions d'inventer des avions ! Regarde la grande libellule. Selon les circonstances, elle sait alterner neuf techniques de vol. En accélération, son organisme encaisse trois G, sans en souffrir. Elle peut voler des heures, avec des pointes à quatre-vingts kilomètres à l'heure, sans dépenser plus de quelques grammes de carburant. Quant à la capacité de ses yeux, ils voient trois cents images par seconde, sur trois cent soixante degrés… »

*

*   *

Pour en savoir plus sur ce peuple décidément fascinant, je me suis rendu, par un bref voyage, jusqu'à la source de la Bièvre, une petite rivière ainsi nommée parce qu'elle accueillait jadis de nombreux castors, dont « bièvre » est l'ancienne appellation (*beaver*, en anglais).

C'est là, sur les bords de l'étang de la Minière, plus précisément chemin rural 7, 78280 Guyancourt, que se tient l'OPIE, l'Office pour les insectes et leur environnement (tél. 01 30 44 13 43), ouvert du lundi au vendredi (9 heures - 12 h 30 / 14 h 30).

Et voici de belles histoires que pourront vous raconter Vincent Albouy, président de l'OPIE (et, par ailleurs, spécialiste mondial des dermoptères, autrement dit les perce-oreilles), ou l'un des membres de sa formidable et très savante équipe.

Dans tous les domaines, les insectes nous donnent des leçons[1].

Le transport low cost

Saluons le papillon grand monarque d'Amérique. Né au Canada, il descend jusqu'au cœur du Mexique pour y passer un doux hiver. C'est un vol, principalement plané, de quatre mille kilomètres en utilisant au mieux les courants d'air ascendants. Ainsi, le monarque ne brûle que très peu d'énergie et préserve ses ailes de toute usure. Admirez leur belle couleur : un orangé veiné de noir.

L'architecture climatisée

Une termitière peut accueillir plusieurs millions d'habitants et s'élever jusqu'à six mètres de haut. Ses murailles externes, faites de terre imprégnée de salive, sont aussi dures et résistantes que du ciment. De cette même salive, les termites recouvrent les parties du « bâtiment » les plus frappées par le soleil. En s'évaporant, cette humidité refroidit l'atmosphère.

1. Vincent Albouy, *Histoires remarquables. Les Insectes*, Delachaux et Niestlé, Paris, 2015.

Le recyclage

Juste avant le début de l'été, la femelle du papillon bombyx pond des œufs qui n'éclosent que l'année suivante. À peine née, la chenille se met à dévorer des feuilles de mûrier. Un mois plus tard, devenue obèse, elle commence à baver pour fabriquer le cocon dans lequel pourra se développer la chrysalide. Cette bave est la soie, produite par deux glandes salivaires situées près de la tête de la chenille.

Chez bien d'autres espèces de papillons, la chrysalide grandit sans la protection d'un cocon. Des études ont montré que la soie du bombyx contient des éléments toxiques pour lui, qu'il rejette en bavant.

De ces blanches sécrétions, le bombyx fait une maison. De cette maison, les hommes font les plus délicats des tissus.

L'éclairage

Qu'est-ce que la *bioluminescence* ?

Étymologiquement, la lumière née de la vie.

Les plus performantes de nos ampoules ne transforment en lumière que trente pour cent de l'électricité nécessaire à les faire fonctionner. Le reste s'évapore en chaleur.

Ce rendement est triple chez les animaux lumineux : poissons des abysses, calmars ou... insectes.

Chez les lucioles, l'autre plus joli nom des vers luisants, la lumière vient de l'oxydation d'une substance émise par la petite bête et contenant du soufre, de l'azote, de l'hydrogène et du carbone. Au lieu de produire de la chaleur, cette oxydation libère des photons, donc de la lumière.

Les réactions sont concentrées dans des cellules situées au bas du ventre de la luciole et séparées du reste du corps par une couche de cristaux qui reflètent et amplifient le rayonnement.

Les phares des hommes n'ont rien inventé.

La nuit, certaines espèces se servent de cet éclairage pour choisir les meilleurs sites pour atterrir.

Mais c'est pour l'accouplement que la modulation des signaux lumineux joue tout son rôle. Par flashes, on se repère, on s'appelle, on s'approche, on se plaît, on s'affole, on copule.

La santé

En 1579, déjà, le célèbre chirurgien Ambroise Paré notait la guérison rapide d'une plaie au crâne alors qu'y grouillaient des asticots.

Trois siècles durant, les médecins continuent de s'étonner devant ce phénomène qui semble contre-nature.

Il faut attendre la guerre de 1914-1918 pour qu'un Américain, William Baer, lui aussi chirurgien et débarqué avec les troupes alliées, décide d'étudier les mécanismes aboutissant à ces rétablissements miraculeux. Il découvre que les asticots ne se contentent pas, hélas, de dévorer les tissus infectés…

« La lucilie soyeuse a été choisie, car elle ne consomme que les tissus morts.

« Les asticots [...] sécrètent dans leur salive un cocktail de substances dont certaines tuent les bactéries, d'autres bloquent leur développement, d'autres encore favorisent la cicatrisation des tissus. Les tissus nécrosés sont digérés par la salive que les asticots injectent dans la plaie et sont détruits, même s'ils ne sont pas consommés. Quand les asticots avalent la bouillie prédigérée, ils absorbent également une grande quantité de bactéries, qui sont détruites dans leur tube digestif. Enfin, les gigotements incessants des asticots dans la plaie érodent l'exsudat séreux des tissus malades et stimulent la cicatrisation des tissus sains.

« C'est l'ensemble de ces actions qui explique le succès de l'asticothérapie[1]. »

*

* *

Je suis revenu au Muséum, dans le bureau de Buffon, et j'ai posé à Gilles Bœuf la question qui ne cessait de me tarauder :

« Je connais maintenant la capacité des insectes. Mais, tout de même, huit millions d'espèces chez eux et seulement huit mille chez nous, les vertébrés ! Comment expliquer leur formidable succès ? »

Un peu plus mon professeur m'aurait embrassé, tant mon interrogation le réjouissait.

« Enfin tu commences à comprendre les mécanismes de la vie et la modestie de la place qu'y tiennent les êtres humains !

« Eh bien, le succès des insectes, j'y vois six raisons. »

1. Vincent Albouy, *op.cit.*

Et, comme un petit garçon (qu'il est toujours), il a compté sur ses doigts.

1) Ils sont *petits*. Même si quelques-uns, rares, atteignent trente centimètres, la plupart ne dépassent pas le millimètre. Regarde ce qui se passe dans la vie. Les *grands* fanfaronnent et séduisent les écervelées. Mais, en cas de danger, qui peut se réfugier dans des recoins, des failles, des trous minuscules ? Nous, les petits, comme toi et moi. En outre, les petits ont moins de besoins : moins de nourriture, moins d'eau, moins d'énergie. Un petit n'a pas une énorme carcasse à mouvoir. Bref, l'avenir, quoi qu'on en pense, appartient aux petits !
2) Puisque nous avons parlé de nourriture, les insectes *mangent de tout* : plantes, cadavres, détritus, excréments, pourriture, sang, et d'autres insectes. Leçon utile pour les parents. Ceux d'entre eux qui veulent donner à leurs enfants les meilleures chances d'une longue espérance de vie doivent leur apprendre à ne pas faire les difficiles.
3) Ils *habitent partout* : les villes et la campagne ; les eaux vives ou stagnantes, chaudes ou glacées ; les plantes ou les vertébrés (dans leur pelage ou à l'intérieur de leur corps, vivants ou morts) ; les pourritures (comme celles du fromage) comme les fleurs les plus pures… Tout logement leur est bon.
4) Une *reproduction frénétique*. Sachant leur vie brève, les insectes ne perdent pas une

minute pour s'accoupler, et l'efficacité de leurs coïts est sans pareille. Ceux qui, comme moi, s'inquiètent de l'évolution incontrôlée du nombre d'êtres humains sur terre, seront saisis d'angoisse devant la démographie des insectes : des milliards de milliards. Sur les bords de l'Amazone, dans la seule région de Manaus, une étude a estimé qu'à elles seules les fourmis représenteraient quatre fois le poids de tous les vertébrés.

5) Une *diversité quasi infinie*. Innombrables, au sens strict, c'est-à-dire ne pouvant être dénombrés, les insectes sont aussi infiniment divers. Parmi les huit millions d'espèces, il s'en trouvera toujours, et par centaines de milliers, qui auront la capacité de traverser toutes les épreuves. Et de survivre.

6) Un *sens social très développé*. C'est sans doute en s'inspirant des abeilles, des termites et, bien sûr, des fourmis que Lénine a conçu la société soviétique : très hiérarchisée, très organisée, où chacun devait accomplir la tâche prévue sans jamais s'en écarter. Dans son tombeau de la place Rouge, il se disait que viendraient la revanche du communisme et sa domination sur la terre entière : le jour où, une fois les hommes disparus, les insectes triompheraient.

Le portable de Gilles Bœuf venait de sonner plusieurs fois. La ministre de l'Environnement, Ségolène Royal, s'impatientait. Comment ne pas la comprendre ? Comment se passer de son conseiller, un tel professeur de la vie ? Lui donnait-il, comme à moi, des leçons d'insectes ? Et quelles leçons en tirait-elle dans la conduite des affaires de la France ?

Je me levai pour prendre congé.

Il me retint juste pour conclure par une équation :

petitesse + manger de tout + habiter partout + se reproduire frénétiquement + se plaire en société + diversité = génie de l'adaptation

Voilà le secret pour survivre : l'*adaptation* !

Je quittai mon professeur en me disant que, de là, venait peut-être la fragilité et la noblesse de l'espèce humaine. Elle voulait changer la vie. Et la vie se vengeait. Il est vrai que, si notre espèce voulait tant « changer la vie », c'était à son seul bénéfice.

*

* *

En quittant le Muséum en cette fin de soirée, quand les visiteurs sont chassés du parc par les sifflets des gardiens, une idée m'est venue, pas du tout politiquement correcte, une autre raison du succès des insectes.

Si certains parviennent tant bien que mal à la cinquantaine, la plupart d'entre eux, à commencer par les moustiques, ne vivent pas longtemps. En d'autres termes, ils ne sont pas embarrassés par leurs vieux. À peine ont-ils atteint la pleine force qu'ils ont la décence de mourir pour laisser la place aux jeunes. On pourrait objecter qu'ils perdent ainsi en expérience. Ce manque est pallié par leur très longue présence sur la Terre : en quatre cents millions d'années, certes on prend son temps, mais on s'adapte à tout !

Quand la dynamique de l'espèce l'emporte sur la revendication de l'individu, il y a gros à parier que la vitalité générale y gagne.

L'admiration n'empêche pas la crainte

Si les insectes prouvent, million d'années après million d'années, leur propension à survivre, cette impressionnante réussite s'accompagne de graves dommages collatéraux, dont nous, humains, faisons les frais.

Qu'est-ce qu'une maladie « à transmission vectorielle » ?

L'Organisation mondiale de la santé en donne une définition claire.

> « Les vecteurs sont des organismes vivants capables de transmettre un agent pathogène (virus, parasite) d'un hôte (animal ou humain) à un autre. Il s'agit le plus souvent d'insectes ayant le sang pour nourriture. Lors de leurs repas, en même temps que le sang, ils ingèrent des micro-organismes pathogènes présents dans un hôte infecté (homme ou animal), pour les réinjecter dans un nouvel hôte à l'occasion de leurs repas de sang suivants. »

Les tiques, mouches, moucherons, puces, punaises nous font ainsi cadeau de très graves affections, parfois meurtrières (quatre cent mille trépas chaque année).

Citons, sans exhaustivité, les noms de ces maladies exotiques : la leishmaniose, la rickettsiose, la fièvre hémorragique de Crimée-Congo, la borréliose, la trypanosomiase (merci les tsé-tsé !), sans oublier les maladies de Lyme et de Chagas, fort désagréables.

Mais le moustique est, de loin, le vecteur le plus dangereux. Il porte le chikungunya, la dengue, la fièvre de la vallée du Rift, la fièvre jaune, le Zika, l'encéphalite japonaise, la fièvre du Nil occidental, la filariose lymphatique et, bien sûr, le paludisme. À lui seul, celui-ci tue plus de quatre cent mille fois par an, la plupart de ses victimes étant des enfants de moins de cinq ans. La dengue, quant à elle, menace plus du tiers de la population mondiale : 2,5 milliards de personnes, réparties dans plus de cent pays.

Bref, le moustique est bien l'ennemi public numéro un.

Dans une ferme souterraine, une fermière tahitienne

Si nous construisons de plus en plus de villes à la campagne, dévorant celle-ci d'un bel appétit, la campagne se venge : elle envahit joyeusement les interstices du bâti. Entre immeubles et voies de circulation, les animaux et les plantes prospèrent, n'ayant plus à redouter les agressions propres à la vie rurale, engrais, insecticides et pesticides.

Savez-vous que les galeries de tous les métros du monde abritent des colonies de grillons ?

Ces petites bêtes viennent d'Asie, où les vieilles personnes continuent d'organiser des concours de chant ou de parier sur des combats. En Chine, par exemple, l'association des Amis du grillon compte plus de six millions de membres.

À Paris, la nuit, durant l'interruption des transports, les oreilles les plus sensibles peuvent s'enchanter de leur stridulation si caractéristique. Les yeux fermés, on pourrait se croire en Provence. Seuls les musiciens avertis savent distinguer l'appel à l'amour du grillon de celui de la cigale.

Hélas, le silence regagne du terrain. Chassés par les normes d'hygiène de leurs premières demeures favorites, les fournils des boulangers, les grillons avaient donc trouvé refuge dans nos réseaux de transport souterrains. Ils y trouvaient gîte, chaleur et couvert avec une prédilection pour… les mégots.

Or, la plupart n'ont pas survécu à l'interdiction formelle de fumer dans l'espace du métropolitain. Si l'on peut se permettre, l'interdiction d'en griller une fut fatale aux grillons.

De même, pour arrondir ses fins de mois et contribuer à financer ses ballets hors de prix, l'Opéra de Paris a installé des ruches sur ses toits. Le miel, que j'ai goûté, mérite tous les éloges.

Dans le 15e arrondissement de Paris, voici une ferme, d'un genre un peu particulier. Passants, vous aurez beau aiguiser votre regard, vous ne la verrez pas. Et, croyez-moi, cela vaut mieux pour vous, car rien n'est plus périlleux que les activités d'élevage menées en ces lieux.

Arrivé au 209, rue de Vaugirard, poussez la porte. Traversez hardiment la salle où, dans un joli vacarme, des familles attendent d'être examinées ou vaccinées. Le moment est venu de montrer vos papiers. Attendez là. Une blouse blanche vient bientôt vous chercher. Et, via un monte-charge, vous voilà plongé au deuxième sous-sol.

Là vous attend la fermière : Anna-Bella Failloux.

Malgré son jeune âge, cette dame est déjà une légende. Quels improbables parcours vous réserve la vie dès qu'une passion vous anime !

Vers les années 1900, ses ancêtres chinois décident de quitter leur ville de Canton pour aller tenter leur chance en … Polynésie française. S'ensuit, deux générations plus tard, une enfance à Tahiti dans le culte du travail : quand vous êtes l'aînée d'une tribu de huit, il faut montrer l'exemple. Pas de place pour l'indolence et les colliers de fleurs. Une enseignante au lycée vous raconte la nature. Naissance d'une vocation. Exil à Paris pour continuer les études. Retour à Papeete pour travailler sur l'éléphantiasis, cette maladie qui fait gonfler les jambes et touche plus de cinq mille Polynésiens. Elle a pour origine un ver parasite transmis par une espèce particulière de moustique, *Aedes*.

De ces recherches, Anna-Bella tire une thèse qui, d'emblée, fait autorité.

En 1996, elle revient à Paris pour y intégrer, sur concours, l'Institut Pasteur.

Pour ne pas me sentir trop ridicule devant une telle figure, j'avais préparé ma rencontre et multiplié mes lectures à la bibliothèque du Muséum, au risque de peupler mes nuits de monstres terrifiants : géants carapacés, velus et coiffés de casques, à long nez piquant…

Dans l'ascenseur qui m'emporte vers la ferme souterraine de Mme Failloux, je me répète, tel un collégien avant l'interro, tout ce que je n'ignore pas des moustiques.

1) ils appartiennent tous à une même famille : les *Culicidae* ;
2) leur diversité est vertigineuse : pas loin de quatre mille espèces connues ;
3) la plupart des moustiques ne portent pas de parasites potentiellement malveillants. Et chaque espèce de moustiques porteurs ne

peut accueillir que certains parasites et pas les autres ;

4) pour mieux s'y retrouver, les espèces de moustiques ont été regroupées en genres, dont deux nous intéressent davantage que les autres. Ce sont les *Aedes* et les anophèles (*Anopheles*) : ils accueillent les parasites les plus dangereux.

La Tahitienne m'attend sur le pas de sa ferme. Sans attendre, elle commence ses leçons.

*

*   *

Les trois premières étapes de la vie moustiqueuse sont aquatiques. C'est sur un support solide, à la limite de l'eau, que la femelle va déposer délicatement ses œufs. Mais cette vie d'œuf ne convient pas à l'embryon moustique, qui s'ennuie ferme dans sa prison. Deux jours à peine après y avoir été enfermé, il décide de sortir. Alors, il contracte sa gorge. Le sang lui monte à la tête, qui gonfle, gonfle. Bientôt elle rencontre la paroi de l'œuf, qui va se déchirer. Car le constructeur des moustiques a tout prévu : une pointe sur le sommet du crâne de l'embryon, semblable à celles qui surmontaient les casques de nos ennemis prussiens, puis allemands, jusqu'en 1916. Cette pointe avait été inventée par le roi Frédéric Guillaume IV. Elle devait permettre de dévier sur le côté les coups de sabre. Mais revenons à nos piqueurs.

Enfin libre, enfin larve, le moustique entre dans une nouvelle phase de sa vie, tout aussi aquatique.

Le plus souvent, les larves flottent, verticales, la tête en bas et la queue vers le haut. À l'extrémité de la queue est fixé l'appareil respiratoire. Pour respirer, les larves multiplient les allers-retours entre le fond (où sont déposées les particules nutritives) et la surface. Ces larves ressemblent à des brindilles, aussi fines qu'un cheveu. Dans ces miniatures d'êtres vivants, des machines sophistiquées sont déjà au travail. Et regardez ces éventails de soie le long du corps. En permanence, ils battent, lentement, comme des cils. Un courant d'eau s'ensuit, charriant toute la nourriture possible : micro-algues, infimes insectes. Pour recevoir son repas, il suffit à la larve d'ouvrir la bouche.

Bien nourrie, elle grandit vite. À peine un millimètre quand elle sort de l'œuf, douze fois plus une semaine plus tard. Et elle ne cesse de se transformer : une mue toutes les quarante-huit heures.

Bientôt, son ventre se gonfle, des cornes lui viennent pour respirer, et des nageoires. *La larve est devenue nymphe*. Les métamorphoses s'enchaînent. David Bowie au monde des insectes. Tellement occupées à changer sans répit de personnage, les nymphes ne prennent même pas le temps de manger.

Heureusement pour sa santé, cette activité forcenée ne dure pas. Au bout de trois jours, la nymphe se remplit d'air. Peu à peu, sa peau se fend. Et de ce brun scaphandre s'extirpe, non sans mal, fragile et diaphane, le personnage principal de notre histoire : le moustique. D'abord recroquevillées, ses ailes se déploient. Il se sèche, il s'ébroue et s'envole. Adieu mares, étangs et autres zones humides. En route vers de plus lointaines aventures et sus à de nouvelles proies ! Nos ennuis d'humains vont commencer.

Parmi les innombrables insectes, trois mille cinq cent soixante-quatre espèces de moustiques ont été à ce jour distinguées.

Au départ, ces petites bêtes avaient tout pour mériter notre sympathie.

D'abord, une incontestable élégance : de grands yeux noirs, de longues antennes, un corps élancé pourvu néanmoins d'un thorax puissant, trois paires de pattes aussi graciles que les jambes de mannequins anorexiques et deux ailes étroites recouvertes d'écailles colorées. La mouche, boulotte, et le trapu scarabée auront beau faire, ils n'auront jamais le millième de la séduction des moustiques.

Ensuite, dès leur sortie de l'œuf, ils dépolluent. À l'état de larves, vivant dans les mares ou dans les flaques, ils se gavent de tous les animalcules passant à leur portée. Ainsi, pas meilleur filtre qu'un bébé moustique : jusqu'à deux litres d'eau purifiée chaque jour.

Mieux, ils pollinisent. Devenus adultes, ils passent de fleur en fleur pour se gorger de nectar, leur principale nourriture. Nos chères abeilles n'ont pas le monopole de cet immense service rendu à toutes celles et tous ceux qui aiment les fruits.

Pour finir, ils se font gentiment dévorer, par millions, sans protester.

Les oiseaux, les poissons, les chauves-souris feraient bien de ne pas l'oublier : sans les moustiques, ils crèveraient la dalle.

Tout pourrait donc aller pour le mieux dans le meilleur des mondes vivants possibles si l'irrépressible besoin de se reproduire ne venait pas tout gâcher.

La partie plus sombre de l'histoire commence par un battement d'ailes. C'est le signal émis par dame moustique pour avertir les mâles alentour. Je suis là, dit-elle, je suis bien là. Et disponible.

Le mâle fonce.

Sans risque d'erreur. Car chaque espèce a son propre battement.

Mais non sans concurrence. Il faut arriver au plus vite, car des nuées de rivaux, eux aussi alertés, sont déjà en chemin.

Le plus rapide aura sa récompense : un accouplement.

Hâtif.

La femelle, à ce qu'on sait, ne s'offusque pas de cette précipitation. Elle a bien compris que, chez ses congénères, l'espérance de vie ne dépasse pas quelques semaines. Il ne faut s'attarder à rien. Et sûrement pas dans de subtils préliminaires avant et de tendres roucoulades après.

Dans le ventre de la dame qui vient d'être ainsi prestement fécondée, des œufs ne tardent pas à apparaître.

Pour nous reposer de cet épisode particulièrement expéditif, concentrons-nous sur l'anatomie de la femelle moustique. Il suffit d'un seul regard pour trembler. La trompe d'*une* moustique fait peur. En guise de bouche, une sorte de lance, couleur marron, aussi longue que son thorax.

Un examen plus précis, facilité par le microscope, accroît notre effroi. Et nous laisse pantois d'admiration devant la perfection et la sophistication de l'organe en question.

À son extrémité, la trompe est pourvue de mandibules chargées de perforer la peau de la cible choisie, homme ou animal. Ce chef-d'œuvre de pompe est particulièrement souple, ce qui lui permet toutes les contorsions possibles pour atteindre son but : le vaisseau où circule le sang convoité.

Je me souviens d'avoir un jour visité une plateforme pétrolière en Patagonie, juste au sud de l'entrée atlantique du canal de Magellan.

J'arrivais juste pour sabler le champagne. Une équipe d'ingénieurs venait de battre le record mondial de forage horizontal. En partant du rivage, ils avaient réussi à guider un tuyau entre les diverses couches de sédiments et de roches jusqu'au gisement, dix kilomètres au large. Je ne savais pas alors que Total se contentait d'imiter les moustiques.

Mais cette merveille de trompe n'a pas encore livré tous ses secrets. Si vous la tranchez en son milieu, vous découvrez, ébaubi, qu'elle contient, dans ce cylindre minuscule, deux canaux. Le premier est réservé au sang. Or, le piqué se défend. À peine sorti de son vaisseau, le sang coagule, empêchant toute possibilité d'aspiration. C'est alors qu'entre en scène le second canal de la trompe. Le moustique y injecte de la salive, laquelle contient une substance… anticoagulante.

Le pompage peut commencer.

De toute cette histoire, retenons cette conclusion, implacable : seules les femelles sont nuisibles !

Quant aux mâles, ce sont de braves garçons qui ne pensent qu'à se gaver de sucreries en attendant l'occasion, avant de mourir, de tirer un bon petit coup rapide. Avec ces benêts-là, notre espèce humaine pourrait vivre en douce intelligence, n'ayant à redouter d'eux ni nuisances sonores, ni transmissions de maladies...

Amis lecteurs, remballez pourtant cette misogynie que je devine toujours vive en vous et prête à resurgir, le moindre prétexte suffira.

Si *la* moustique et elle seule gâche vos nuits en vrombissant à votre oreille, ce n'est pas qu'elle est mue par la jalousie de vous voir si bien dormir. N'ayant pour séduire ni possibilité d'œillades, ni petite robe noire moulante, ni parfum capiteux, elle ne peut qu'agiter les ailes. Chaque fois que vous entendrez le zzzz maudit, dites-vous qu'il s'agit d'un appel à l'amour. Il se peut que cette pensée vous touche et calme votre agacement. D'autant que si *la* moustique vous agresse, ce n'est pas qu'elle est animée par on ne sait quelle méchanceté ancrée depuis la nuit des temps dans le corps de toute femelle. Non, sachez que ce n'est pas la *femme* qui vous pique, c'est la *mère* ! Une mère habitée par un seul souci : permettre aux œufs qu'elle porte d'arriver à maturité. Et ces nutriments nécessaires à leur survie, elle ne peut les trouver que dans votre sang.

*

* *

Si vous voulez savoir pourquoi les femmes humaines n'ont pas besoin de sang et, par suite, ne deviennent pas des vampires, demandez à votre médecin. Il vous racontera une passionnante histoire dans laquelle une petite région de notre cerveau joue un rôle clef : elle s'appelle l'hypothalamus.

*

*   *

De ce premier voyage au pays des moustiques, deux conclusions s'imposent :

La première est que ces petites bêtes ne sont pas méchantes. Elles n'ont qu'un objectif : survivre. Comment le leur reprocher ?

La seconde est qu'elles ne sont coupables que de complicité. Si elles offrent à des tueurs la logistique, le gîte et le couvert, c'est en dépit de leur plein gré.

Un autre voyage commence.

Bienvenue aux(x) pay(s) des vrais malfaisants !

Le monde des « microbes »

Plus j'avance en âge et plus je retourne à l'école.

Biographe de Pasteur, je m'étais quelque peu familiarisé avec l'univers des « microbes ». Une appellation dont je savais qu'elle était trop vague. Après les insectes en général, après les moustiques en particulier, il me fallait désormais faire connaissance avec le peuple des plus petits encore.

Quel meilleur professeur d'entomologie médicale que François Rodhain ? Maître de cette discipline[1], il étudie les relations entre les insectes, les agents infectieux qu'ils véhiculent et les humains qu'ils contaminent.

*

* *

Jusqu'à la fin du XVIIe siècle, nous ne soupçonnions pas l'existence d'un monde de minuscules.

Et puis, le microscope fut inventé, sans doute par le Hollandais Antonie Van Leeuwenhoek (1632-1723).

---

1. Voir son livre, la « bible » de la discipline, *Le Parasite, le moustique, l'homme... et les autres*, Docis, Paris, 2015.

Dans sa bonne ville de Delft, il reçoit bientôt des rois, des reines, des tsars pour leur faire découvrir le peuple infime qu'il voit grouiller sous son optique.

Jusqu'au milieu du siècle suivant, personne n'imaginait que la plupart des maladies avaient pour cause l'un ou l'autre de ces minuscules organismes.

Et puis arriva Pasteur qui, vers 1860, découvrit leur rôle moteur dans la fermentation et l'infection.

À ces êtres infiniment petits, dont certains sont si malveillants, il fallait trouver un nom. Un médecin militaire de Strasbourg, Charles-Emmanuel Sédillot, proposa celui de « microbe ». Consulté, Émile Littré, le fabricant du plus riche des dictionnaires, exprima sa confiance : « Pour désigner les animalcules, je donnerais la préférence à microbe… Et maintenant laissons ce mot se défendre tout seul, ce qu'il fera sans doute. »

Durant les cent soixante années qui suivirent, les chercheurs ne cessèrent d'explorer cet univers de minuscules. Et de les classer en catégories. Autant les enfants chérissent le désordre de leur chambre, autant, devenus grands, ils s'acharnent à tout ranger dans des boîtes. Ils trouvent sans doute une forme d'apaisement dans cette frénésie qu'on appelle savamment la taxinomie.

Ainsi, au fil du temps, on se mit à distinguer les bactéries, les protozoaires, les nématodes, les champignons et les virus.

1. Les bactéries

Ce sont des micro-organismes unicellulaires qui n'ont pas de noyau et peuvent mesurer jusqu'à un demi-millimètre.

Durant deux milliards d'années, les bactéries ont été les seuls êtres vivants à peupler notre planète.

Elles se multiplient par division binaire, en moyenne toutes les vingt minutes !

Heureusement, cette prolifération est freinée par des antibiotiques naturels, des prédateurs, l'agression des milieux…

En dépit de ces freins, le nombre des bactéries dépasse l'entendement : un gramme de terre agricole peut en contenir un milliard, de dix mille espèces différentes.

Sur la Terre, elles seraient cent cinquante milliards de milliards de fois plus nombreuses que les êtres humains. Une autre caractéristique : elles s'adaptent avec facilité à tout nouvel environnement.

2. *Les protozoaires*

Il s'agit aussi de micro-organismes dont la cellule, unique, possède un noyau.

Les protozoaires vivent principalement dans des milieux aquatiques. Pour s'y mouvoir, la nature les a dotés de cils ou de longues queues très fines, dites flagelles. On en compte quelques dizaines de milliers d'espèces. Certaines sont libres et peuvent se développer de manière autonome, mais la plupart sont des commensales ou de véritables parasites, tel l'agent infectieux du paludisme, le *Plasmodium falciparum*.

3. *Les vers (nématodes)*

Cette appellation pratique mais vague rassemble des petites bêtes ayant des origines, des morphologies et des manières de vivre très différentes.

Comme chez les protozoaires, certains vers n'ont besoin de personne pour vivre. Mais beaucoup sont des parasites : on les appelle des helminthes. Parmi ceux-ci, les nématodes ont ceci de particulier qu'ils possèdent un appareil digestif complet. Ils sont apparus sur terre il y a plus de deux cent cinquante millions d'années. Et, depuis, leur nombre n'a cessé de croître : vingt mille espèces aujourd'hui recensées sur un total qui pourrait dépasser cent mille, voire davantage. La gamme de leur taille est des plus variées : du minuscule au mètre !

En explorant, vingt années durant, la forêt gabonaise pour en dresser l'inventaire, Guy de Saint Aubin, père d'Isabelle, dut rentrer d'urgence à Paris. Son corps était infesté de filaires, une catégorie de vers. Sa fille se souvient les avoir vus ramper partout sous la peau de son père, et jusque dans les yeux. Ses reins aussi étaient envahis. Il fut sauvé, in extremis, par le professeur Marc Gentilini qui venait de réunir à la Pitié-Salpêtrière les meilleures compétences pour y créer un service des maladies tropicales. Il deviendra président de la Croix-Rouge française.

4. Les champignons

De ce vaste et fascinant univers, nous ne connaissons que les géants, comestibles ou empoisonnés : cèpes, girolles, pleurotes ou amanites phalloïdes.

Organismes d'une extrême diversité, on compterait sur notre planète plus d'un million et demi d'espèces de toutes tailles. Le plus grand a été découvert dans la forêt de Malaisie, une sorte de cèpe d'une hauteur de treize mètres quarante-cinq et d'un diamètre de onze mètres quinze ! Les plus petits sont les levures, ils sont constitués d'une seule cellule.

5. *Les virus : des insaisissables*

Ce sont des organismes que les biologistes ont, pour être franc, du mal à définir. Ils vous les décrivent d'abord comme petits : pour la plupart entre quinze et quatre cent… millionièmes de millimètre. On ne put les apercevoir, sous l'œil des premiers microscopes électroniques, qu'à partir de 1930.

Mais, immédiatement, ces scientifiques ajoutent qu'il existe de « gros », voire des « mégavirus ».

Alors, quel critère retenir pour parler d'un virus ? Et peuvent-ils être considérés comme des êtres vivants ?

Certaines caractéristiques les définissent :

1) Un virus est constitué d'un acide nucléique (ADN ou ARN) et de protéines.
2) Il ne peut se reproduire tout seul : il a besoin de se servir d'une cellule vivante. Il commence par se fixer à la surface de celle-ci. Bientôt, il y injecte son acide nucléique. Une fois installé dans l'ADN de la cellule, le virus prend les commandes de sa machinerie. Et la cellule fabrique docilement tout ce qu'il faut au virus pour se reproduire et se multiplier. Le virus, qui s'est multiplié, peut alors sortir de la cellule et en infecter une infinité d'autres.

3) Les virus évoluent sans cesse.
Leur mode de reproduction entraîne des « erreurs ». La réplication de leurs données génétiques n'est jamais parfaite.
4) Les virus sont partout. Et innombrables. À ce jour, on en a décrit dix mille.
Mais ce chiffre est loin, bien loin du compte.

Étant donné qu'ils ne peuvent exister sans envahir (et donc infecter) une cellule, la meilleure définition d'un virus pourrait être celle de Peter Medawar : « Un virus est un morceau de mauvaise nouvelle enveloppé dans une protéine. »

Ennemis ou amis ?

Dans la (fausse) sagesse populaire, celle qui fait dire par exemple, entre autres redoutables billevesées, qu'« il n'y a pas de fumée sans feu », le mot « microbe » est synonyme de « maladie ».

Disons-le tout net : sans ce peuple immense des minuscules, jamais la vie n'aurait surgi dans l'eau, et jamais elle n'aurait pu se poursuivre jusqu'à nous.

Ces minuscules : virus, bactéries ou champignons
– épurent les eaux ;
– produisent de l'énergie ;
– animent les sols ;
– recyclent les matières organiques ;
– déclenchent et régularisent les chaînes alimentaires ;
– synthétisent d'innombrables produits, pour nous essentiels, dont les vitamines et les antibiotiques ;
– équilibrent les échanges et les concurrences entre les organismes.

En outre, dans un souci quasi permanent de notre santé, ils

– détruisent la plupart de nos agresseurs ;

– jouent un rôle crucial dans le fonctionnement de toutes les parties de notre corps.

Lancée dès les années 1900 par le pasteurien Élie Metchnikoff, se développe l'idée selon laquelle nous devons à ces quelque cent mille milliards de bactéries qui colonisent notre intestin bien plus que le traitement des aliments que nous avalons. Ce *microbiote* agirait sur le diabète, l'obésité, l'allergie, jusqu'au fonctionnement de notre cerveau : dépression, autisme, Parkinson, Alzheimer…

Comment évaluer, dans cette foule, la part de nos ennemis ? Et comment isoler le caractère purement néfaste de l'action de tel ou tel autre dans l'engrenage de la vie et de la mort ?

Qu'il existe dans cette population gigantesque quelques malveillants, quoi de plus statistiquement normal ? Mais, malgré nos terreurs, sachons raison garder et n'oublions jamais de louer les « microbes » : nous leur devons d'exister !

Nous ne voulons que les avantages sans les inconvénients, le beurre, l'argent du beurre et le sourire de la crémière, sans la colère du très jaloux crémier.

Une planète d'associés

La vie est une association. Tantôt douce, souvent violente.

Pour continuer à vivre, les êtres vivants ont besoin d'avaler d'autres êtres vivants, animaux ou végétaux : ils leur apportent les éléments nutritifs nécessaires.

Innombrables sont les formes de cette association. Des plus intimes aux plus distantes. Des mieux partagées dans la répartition équitable des bénéfices et des pertes, aux plus inégalitaires.

On sait que dans toutes les sociétés, y compris celles régies par l'amour, il y en a toujours, presque toujours, un qui gagne plus que l'autre.

C'est ainsi que dans ces accords de la vie, aussi divers (infiniment) que changeants (en permanence), on distingue, pour tenter de s'y retrouver un peu, la symbiose, le mutualisme et le parasitisme.

La *symbiose* est une association obligatoire et plus qu'harmonieuse entre deux organismes : ils ne peuvent vivre l'un sans l'autre, ou les uns sans les autres, car la vie, moins hypocrite que nous, n'a pas la religion des couples.

Qu'est-ce qu'un lichen, par exemple ?

Pour résister à des milieux hostiles (froid, sécheresse...), un champignon décide de s'associer à une algue.

Le champignon fournit le support, la protection, la réserve d'humidité ; en excrétant des acides, il peut dissoudre des minéraux pour les absorber.

L'algue apporte en échange les nutriments issus de la photosynthèse, principalement des sucres. Cette union a fait ses preuves : plus de vingt mille espèces de lichens vivent de par le monde. Nous y avons gagné de belles couleurs : ah, ces plages orangées le long du canal de Beagle ! Ah, ces petites taches rouges, perçant soudain la neige glacée de l'Antarctique !

Cette union est durable, nécessaire, au sens strict de « pour la vie ». Tout divorce impliquerait la mort de l'un et de l'autre. Une telle menace dissuaderait la plupart d'entre nous d'aller chez le juge.

Le *mutualisme*, c'est l'association libre. Sans obligation, deux organismes décident d'unir leurs forces pour survivre dans ce monde impitoyable.

On pourrait écrire le plus épais des livres, et sans doute l'un des plus merveilleux, si on se contentait de raconter la diversité, et l'efficacité, de ces entreprises communes.

Au lieu d'affronter seul les férocités de l'existence, pourquoi ne pas s'installer chez un voisin ? Celui qui va vous accueillir – le plus souvent sans le savoir, appelons-le *hôte* –, vous offrira le gîte, le couvert et le transport puisque vous l'accompagnerez dans tous ses déplacements sans aucun effort à fournir.

On comprend que cette stratégie paresseuse ait connu un tel succès.

On devine qu'elle remonte à l'aube des temps. Ce n'est pas d'aujourd'hui que beaucoup d'entre nous préférions le confort à l'indépendance.

Le *parasitisme*. Le mot vient du grec *para*, qui veut dire « à côté, auprès de », et *sitos*, qui signifie « nourriture ».

Dans l'Antiquité, les riches avaient coutume de convier à leur table celles et ceux qui pouvaient les divertir : poètes, musiciens, amuseurs, courtisanes. C'est ainsi que ces *parasites* payaient leurs repas, avec leur propre monnaie : poèmes, mélodies, bons mots ou caresses. La pratique n'a jamais cessé ; seuls les mots ont changé. Pour parler d'un parasite, on usait jadis du joli mot d'écornifleur. Aujourd'hui, la très pertinente expression de pique-assiette est toujours employée.

Pour se donner les meilleures chances de développement, les parasites déménagent tout le temps.

Claude Combes, l'un des spécialistes mondiaux des parasites, donne mille exemples de leurs *délocalisations*[1].

Les trématodes sont de tout petits vers parasites. L'*Halipegus ovocaudatus*, une de leurs espèces, qui voulait de la protection, de la chaleur et de l'hu-

1. Voir *L'Art d'être parasite, les associations du vivant*, Paris, Flammarion, 2010.

midité, a choisi de vivre… sous la langue des grenouilles vertes, un domicile convenant à ses attentes.

Mais, pour que s'enclenche le cycle de la reproduction, il faut bientôt quitter ce logement douillet. Le bébé nématode (une larve) est chassé sans ménagement et se retrouve dans l'eau. Détestant la solitude, cette larve s'empresse de parasiter quelqu'un d'autre : un mollusque. À la suite de quelque brouille, ou par simple incompatibilité d'humeur, nouveau déménagement, retour à l'eau. Où resurgit la même détestation de la solitude. Donc nouvel emménagement, le plus vite possible, cette fois chez un minuscule crustacé. Quitté sans tarder au profit d'une… libellule, elle-même à l'état de larve.

Comme prévu, la libellule paraît. Entre-temps, la larve du ver est devenue ver. Tout irait pour le mieux si, un beau jour, un batracien ne passait par là. Il a tôt fait de gober le couple. Et c'est ainsi qu'*Halipegus* revient au berceau de la famille sous la langue d'une grenouille verte.

Une minuscule araignée, *Histiostoma laboratorium*, apprécie une certaine espèce de mouche. Pour demeure et alliée, elle ne veut personne d'autre. Alors elle n'hésite pas à bondir pour rejoindre sa mouche. Son saut peut atteindre cinq centimètres. Une hauteur qui, toutes proportions rétablies, correspondrait à plus de trois cents mètres chez nous. Quelle dame, présente au sommet de la tour Eiffel, résisterait à un soupirant capable de s'élever de la sorte pour déclarer sa flamme ?

Le quatuor des découvreurs

Tous les dictionnaires expliquent les deux sens du mot « quatuor ».

Il désigne l'œuvre musicale écrite pour quatre instruments (les quatuors de Haydn, Mozart, Beethoven, Ravel, Schoenberg, etc.).

Il signifie aussi l'ensemble : les quatre interprètes sans lesquels la musique ne pourrait naître.

Telle est l'histoire de notre prochaine découverte.

Si l'on accepte de considérer que découvrir, c'est créer, et que toute véritable découverte est une œuvre.

Ils sont donc quatre. Quatre chercheurs. Ensemble, ils vont faire avancer la connaissance. Ensemble, je veux dire au même moment, car deux membres du quatuor ne se connaissent pas et ne connaissent pas les deux autres. Lesquels, s'ils ont commencé par être amis, vont bientôt s'entre-déchirer.

Drôle d'harmonie séparée.

Et pourtant, la musique sera là, celle du savoir qui progresse.

Quatre cents ans avant Jésus-Christ, Hippocrate avait parfaitement décrit les symptômes du paludisme, une fièvre tenace et souvent meurtrière. Vingt-trois siècles avaient suivi dans la même ignorance – totale – de ses causes. Et soudain, la lumière se fait. Le coupable est démasqué. Saluons nos quatre enquêteurs, qui, chacun leur tour, ont levé une part du mystère.

Le premier de ces mousquetaires est cubain, né à Puerto Principe (aujourd'hui Camagüey) en 1833. Médecin, Carlos Finlay étudie la fièvre jaune, qui ravage régulièrement La Havane. Dès 1870, il émet l'hypothèse que le virus est transmis par les moustiques. Hypothèse confirmée dix ans plus tard avec l'identification de l'espèce porteuse : le moustique *Aedes*.

Sa découverte tombe à point nommé. D'immenses travaux sont à l'œuvre dans l'isthme stratégique de Panama. Comment les poursuivre si les ouvriers sont frappés par le paludisme (transmis par d'autres moustiques, les anophèles) et par la fièvre jaune ? Déjà douze mille d'entre eux ont péri lors de la construction de la voie ferrée. Vingt-deux mille iront les rejoindre outre-tombe durant la première tentative, française, de percer un canal (1881-1889). À croire que les femelles moustiques s'étaient donné le mot pour interdire aux humains de couper en deux l'Amérique : si les bateaux voulaient passer de l'Atlantique au Pacifique, ou l'inverse, ils n'avaient qu'à suivre la route traditionnelle et doubler le cap Horn, où d'autres périls les attendaient. Avant de prendre le relais, les États-Unis chargent un général, Walter Reed, de mener l'enquête. Les travaux de Finlay sont validés. La guerre aux moustiques est déclarée.

Avant la reprise des travaux, on prépare le terrain. Comblement des marais, assèchement de la moindre étendue d'eau, campagne de fumigations, installation de grillages devant toutes les fenêtres et de moustiquaires dans tous les dortoirs, quarantaine systématique des ouvriers présentant les moindres symptômes...

C'est à ce prix qu'on achèvera le canal. Finlay, mort en 1915, aura juste le temps de le voir emprunter, le 15 août 1914, par le tout premier navire, le cargo américain *Ancon*.

Sans doute fut-ce une consolation pour ce grand savant. Par sept fois, la commission Nobel l'avait placé sur sa liste. Et, sept fois, elle avait choisi un autre lauréat.

*

* *

C'est un Français, Alphonse Laveran, qui apporte à la connaissance du paludisme une deuxième contribution décisive. Né à Paris en 1845, il choisit de suivre la voie de son père et devient à son tour médecin militaire avec une thèse sur la régénération des nerfs. Nommé en Algérie, il se passionne pour le paludisme. À Constantine, en observant le sang des malades, il y découvre d'abord de petits points noirs, puis des cellules prolongées de filaments qui leur permettent d'avancer (vite). Les paludéens abritent donc un être vivant, un parasite. Alphonse Laveran vient de découvrir le protozoaire *Plasmodium falciparum*, responsable de tous les désordres affectant le corps de celui qui l'accueille.

Dès novembre 1880, le savant envoie une note à l'Académie de médecine. Quatre ans plus tard, il publie son *Traité des fièvres palustres*. La communauté médicale demeure sceptique. Comment une maladie pourrait-elle avoir d'autre cause qu'un microbe ?

Un matin, Alphonse Laveran vient chercher Louis Pasteur et son premier collaborateur Émile Roux et les conduit dans son laboratoire du Val-de-Grâce. Devant le microscope, les deux savants doivent bien admettre l'évidence : dans le frottis de sang étalé sur la lamelle, ce sont bien des protozoaires qui s'agitent.

Il multiplie les missions dans toutes les régions où se propage le paludisme (campagne romaine, Corse, Camargue). Il s'intéresse aussi au trypanosome, qui donne la maladie du sommeil

À l'automne 1907, le prix Nobel lui est attribué « en reconnaissance » de son travail sur le rôle joué par les protozoaires dans la cause des maladies. Entre-temps, Laveran a quitté l'armée et ses contraintes pour se consacrer pleinement à ses recherches. Il rejoint l'Institut Pasteur, où il installe son laboratoire des maladies tropicales. Il y retrouve la prestigieuse équipe des Calmette, Duclaux, Chamberland et Metchnikoff.

Il partagera leurs travaux jusqu'au bout de ses forces (1922).

*
* *

Les deux derniers découvreurs commencent leur relation par de l'amitié, on peut même parler d'affection filiale.

Le plus âgé est contemporain de Finlay et Laveran.

Patrick Manson est né près d'Aberdeen (Écosse) en 1822. Après des études de médecine, il décide de partir en Chine, plus précisément sur l'île de Formose, où les douanes l'engagent afin de contrôler l'état sanitaire des bateaux. Cette tâche lui laisse des loisirs qu'il emploie à soigner la population, le plus souvent misérable. Pour mieux la comprendre, il en apprend la langue.

L'éléphantiasis est une maladie parasitaire qui se traduit par un gonflement – souvent monstrueux – des membres inférieurs et des organes génitaux externes. Les bourses, qui enveloppent les testicules, peuvent devenir tellement énormes et si pesantes qu'on a vu des patients les transporter dans des brouettes. Cette affection est due à un blocage de la circulation de la lymphe.

Nommé à Amoy, non loin de Canton, Patrick Manson remarque dans le sang des malades la présence de minuscules vers, les microfilaires. L'idée lui vient de disséquer des moustiques capturés non loin de ces malades. Il y découvre les mêmes microfilaires. La conclusion s'impose : lorsqu'un moustique pompe le sang d'un malade infecté, il aspire d'une même goulée les parasites que contient ce sang. Et lorsqu'il choisit une autre proie, il les lui transmet. L'agent propagateur est trouvé : c'est le moustique !

Manson s'interroge : et si le moustique jouait le même rôle de transmission pour le paludisme ?

C'est ainsi qu'il rejoint les travaux de Laveran et défend à son tour la *malaria mosquito hypothesis*. Reste à décrire comment se développe le parasite entre le malade infecté, le moustique porteur sain mais transmetteur et la personne nouvellement envahie ? Mystère. Le protozoaire est bien plus difficile à suivre que la filaire de l'éléphantiasis, et bien plus capricieux.

Le moment est venu pour Ronald Ross d'entrer en scène. Il naît en Inde, un beau jour de 1857. Sitôt ses études finies, il abandonne son rêve de devenir écrivain et rejoint l'Indian Medical Service. Lui aussi se passionne pour le paludisme. Lui aussi commence par prendre en considération la *théorie des miasmes* : les malades ne sont-ils pas plus nombreux aux abords des marais et des eaux stagnantes ? Mais lui aussi prend connaissance des découvertes de Laveran. La responsabilité des parasites ne semble pas pouvoir être contestée. Il consacre toutes ses forces à l'étude de leur vie et à leur passage d'hôte en hôte.

En 1894, lors d'un séjour à Londres, il rencontre Manson. Trente-cinq ans séparent les deux hommes. L'un est célèbre, déjà âgé, considéré comme le maître des maladies tropicales. L'autre est inconnu, fougueux, avide de gloire.

Avec générosité, l'aîné va prendre le second sous son aile et lui transmettre tout ce qu'il sait des filaires, protozoaires et autres parasites.

De retour en Inde, Ross ne cesse d'écrire à Manson qui ne cesse de le conseiller et de le soutenir durant ses accès (fréquents) de dépression. La richesse – et l'intimité – de leur correspondance est sans doute unique dans l'histoire de la science.

Ross se concentre sur la dissection des moustiques. C'est dans ces insectes, plus que dans le corps des malades, qu'il pense pouvoir suivre le développement des parasites. Encore faut-il disposer des bons moustiques (les espèces en sont nombreuses, et plutôt rares sont celles qui accueillent les protozoaires) !

L'année 1897 commence mal pour Ross. À son tour, le paludisme le frappe. À peine remis, le choléra l'attaque.

Mais, le 20 août, son obstination se trouve enfin récompensée. Cette date restera comme « *The Mosquito Day* », le jour du moustique.

Ce jour-là, Ross ne dispose plus que de *deux* moustiques. À la surface de leur estomac, il distingue des petites billes presque parfaites, formes très inhabituelles pour des cellules.

Le lendemain, il retrouve les mêmes billes, mais elles ont doublé de diamètre.

La paroi de l'estomac du moustique est donc le lieu choisi par le parasite pour y croître à belle allure.

Avant d'envoyer au *British Medical Journal* l'article présentant sa découverte, Ross écrit un pieux poème.

« This day relenting God
hath placed within my hand
a wondrous thing. [...]
I know this little thing
a myriad men will save.
O Death, where is thy sting ? »

(« Ce jour, Dieu l'inflexible a placé dedans mes mains une chose merveilleuse. [...] Et je sais que cette petite chose va sauver des dizaines de milliers d'hommes. Ô Mort, où est ta pique ? »)

Après avoir remercié Dieu, Ross rend hommage à son mentor : « Mes observations confirment la brillante théorie du moustique exposée par le docteur Manson. Je n'ai fait que suivre la direction qu'il indiquait. »

Cette reconnaissance ne va pas durer.

Bientôt, Ross se choisira un inspirateur plus lointain, donc moins gênant pour sa gloire : Alphonse Laveran. Et lorsque l'académie Nobel devra choisir entre Manson et Ross, c'est ce dernier qu'elle préférera. Il est vrai que nous lui devons la description complète des relations plus qu'intimes entre l'hôte moustique et son goulu squatter protozoaire. Leurs petits jeux à deux ne nous intéresseraient guère si le moustique n'avait pas la mauvaise idée de transmettre son visiteur parasite à l'humain qu'il a piqué. Plus tard, on comprendra par quels malfaisants mécanismes une terrible maladie s'ensuit.

Et c'est ainsi, comme au théâtre, que naît le drame : lorsqu'un duo (moustique/humain) devient ménage à trois (moustique/parasite/humain).

Le ménage à trois

Qui est responsable de tous nos maux ? La salive.

Outre l'anticoagulant nécessaire à la fluidité du sang lors de la ponction, la salive d'une dame moustique anophèle peut contenir des parasites. En nous piquant, elle injecte donc sa salive et d'éventuelles parasites.

Même s'ils sont nombreux – une bonne cinquantaine à chaque piqûre –, ces parasites ne paraissent, de prime abord, pas vraiment redoutables : ce sont de minuscules organismes unicellulaires de forme allongée.

Hélas, ils possèdent deux talents. Ils savent s'infiltrer partout, et se reproduisent à une vitesse rarement égalée.

Sitôt présent dans le sang du piqué, le parasite gagne sa cible : un garde-manger dont il rêvait sans doute depuis toujours, le foie.

Le parasite pénètre donc dans une des cellules du foie. Il s'y s'installe, prenant ses aises. Son bien-être est tel qu'il décide de se multiplier.

Pauvre cellule du foie !

Un intrus, elle pouvait encore l'accepter. Mais cent, mais dix mille ? D'autant que tous ces nouveaux parasites ne se quittent pas, ils font masse, ils s'agglomèrent. Que pensez-vous qu'il advienne de cette malheureuse cellule du foie ?

Elle explose. Libérant dans la nature, donc dans le sang, cette foule de parasites ; qui repartent, tous, à l'assaut d'autres cellules du foie.

Le foie commence à flancher. Frénétique et malfaisante, l'activité des parasites s'accélère.

Ayant envahi le sang, ils s'attaquent désormais aux globules rouges.

Pourquoi cette nouvelle cible ?

Parce que les parasites ne sont pas idiots. Leur première victoire ne les a pas enivrés. Ils pressentent que l'organisme qu'ils ont envahi va finir par réagir. Or, les globules rouges n'ont pas de système immunitaire. D'où les parasites tiennent-ils ce savoir ? Mystère. Toujours est-il qu'ils ont bien choisi leur refuge. Autre raison d'attaquer les globules rouges : ils regorgent d'hémoglobine. Le plat préféré de ce type de parasites, sans doute des parents lointains de nos chers vampires des Carpates...

Une nouvelle invasion commence.

À chaque globule rouge, son parasite. Lequel, gavé, peut prospérer. Et bientôt, il se divise, se redivise. Très rapidement, il occupe tout l'espace. Le globule rouge n'a pas plus de chance que la cellule du foie : il éclate, libérant une nouvelle génération de parasites. Le même drame se répète au même moment des milliers et des milliers de fois, avec toujours le même scénario : il était une fois un parasite qui voulait faire son festin d'un globule rouge.

Chaque explosion d'un globule rouge libère également des toxines transmises à tout le corps par la circulation sanguine. Cette fois, l'humain commence à se sentir mal : frissons, sueurs, nausées, immense fatigue… c'est le premier cycle des fièvres.

Qui sera suivi par beaucoup d'autres.

Car les parasites, de plus en plus nombreux, envahissent toujours plus de globules rouges. Mais ce qu'ils redoutaient finit par arriver. L'organisme humain victime de la piqûre a pris son temps, beaucoup trop de temps, mais s'est enfin décidé à réagir.

L'âge d'or des parasites est révolu.

Désormais, les globules rouges empêchent leurs occupants de se diviser.

Qu'à cela ne tienne, nos parasites vont développer une nouvelle stratégie !

À ce moment-là, chère lectrice, cher lecteur, préparez-vous à rougir et couchez vite vos enfants, car nous allons aborder l'univers magique et vertigineux du… *sexe*.

Jusqu'alors, nul besoin de coït pour se multiplier. Il suffisait de demander bien gentiment à son noyau de se diviser.

Les parasites, toujours chaudement logés dans leurs globules rouges, entament une formidable métamorphose : ils se changent en cellules capables, le moment venu, de devenir mâle et femelle. Encore doivent-ils, pour aller au terme de ce bouleversement majeur, trouver un milieu favorable. Le globule rouge a offert tout ce qu'il pouvait, et au-delà.

Il faut mieux.

Il faut plus.

C'est à ce moment que le moustique refait son apparition.

Ou plutôt *la* moustique, on l'a vu, toujours avide de sang frais pour améliorer l'ordinaire des œufs qu'elle porte.

En aspirant le sang d'un humain infecté, elle recueille dans son estomac ces nouvelles cellules de parasites.

Merci à elle : les parasites ne pouvaient, en dépit de l'exiguïté des lieux, trouver plus douce et plus favorable ambiance pour achever de passer du stade pratique mais morne de l'unisexe à l'univers, épuisant mais ô combien excitant, des femelles et des mâles.

La suite, vous la connaissez.

Des centaines de cellules mâles s'agitent dès qu'une cellule femelle paraît. Le plus rapide des mâles, ou le plus charmant, le plus drôle, le plus intelligent, parvient à la convaincre. De ces unions naissent des milliers de parasites, pressés de remonter vers les glandes salivaires de leur hôte insecte.

*

* *

Telle est la raison pour laquelle il est utile de connaître l'*âge* du moustique. S'il est encore jeune, moins de cinq ou six jours, son parasite n'a pas eu le temps de compléter son développement ni de poursuivre son voyage vers les glandes salivaires de son hôte. Le moustique a beau être contaminé, il nous piquera. Mais sans rien nous transmettre.

La stratégie de l'insaisissable

Mon professeur de géologie porte un joli nom, plutôt prédestiné : M. Graviou. Et, pour enfoncer le clou, si je puis dire, et bien forer en lui la vocation, ses parents l'ont prénommé Pierrick. Entre autres qualités, Pierrick Graviou sait comme personne expliquer les mécanismes complexes et donner à voir les mystères les plus insondables.

Par exemple, pour me donner une petite idée de cet inconcevable, l'ampleur des « temps géologiques », il m'a proposé le calcul suivant :

« Tu t'étonnes sans doute, comme tout le monde, de la capacité d'un petit fleuve comme la Seine d'avoir pu creuser une si large vallée. Réfléchis un peu. Quelle taille ont les falaises creusées par l'eau ? Pas plus de trois cents mètres. Divise ces trois cents mètres par, disons, cent mille ans. Et tu trouveras : trois mètres d'érosion tous les mille ans, ou 0,3 millimètre par an. Un travail du courant tout à fait modeste, si l'on y pense. »

Didier Fontenille, mon professeur de moustiques, me tint ce soir-là un langage semblable.

« Quelle est la durée d'une "génération" chez nous, humains ? On retient généralement le chiffre de vingt-cinq ans, l'âge où l'on devient père et mère. Puis les enfants grandissent, engendrent à leur tour, et le cycle se poursuit. Mais quelle est la durée d'une "génération" chez les moustiques ? Leur vie complète, de l'œuf à la mort : un mois et demi. En comptant large. La comparaison avec nous est simple. En un siècle, l'espèce humaine aura vu passer quatre générations. Les moustiques : sept générations par an, multipliées par cent. Soit : sept cents !

« Ce calcul donne à réfléchir. Sept cents générations ! Autant d'occasions d'améliorer son adaptation à des milieux changeants par des mutations et des recombinaisons génétiques.

« De modification en modification, à partir de quel moment peut-on parler d'une "espèce nouvelle" ? Lorsque les unions deviennent de plus en plus difficiles avec des individus appartenant à la même espèce, mais n'ayant pas suivi les mêmes transformations.

« Le rythme – si rapide – de renouvellement des moustiques change la donne. Il faut concevoir leur histoire comme celle d'une *évolution* permanente. Au regard de l'adaptation, c'est l'immense avantage de leurs espèces par rapport à la nôtre.

« Chez les virus, cette vitesse est encore plus impressionnante. Soit ils restent en sommeil, soit ils se réveillent. Alors une frénésie les prend, jusqu'à pouvoir se renouveler tous les… quinze jours.

« Nous, humains, avons des organismes *lents*. Lents pour atteindre notre maturité, lents pour nous décider à mourir. Et, en conséquence, lents pour nous adapter. C'est notre point faible par rapport à ces espèces. Avec ces réflexes de "lents", qui se rêveraient volontiers éternels, nous avons bien du mal à penser une vie en perpétuelle évolution.

« Nous avons, non sans difficultés, accepté Darwin, Darwin et sa non-tranquillité, Darwin et l'inconfort qu'il décrit, Darwin et sa vérité dérangeante, selon laquelle rien n'est jamais acquis et la vie une jungle d'évolutions permanentes et interactives. Mais nous avons encore plus de difficultés à admettre que, parmi ces évolutions, beaucoup sont accélérées. Laissez-nous le temps – aimerions-nous demander au bourreau – de nous adapter. Hélas, le plus souvent, le bourreau reste imperturbable. »

Hommage aux entomologistes et à leurs compagnes (ou compagnons)

L'entomologie est la science qui traite des insectes, l'entomologiste est donc le savant de ces petits animaux.

Ce savoir lui vient d'une passion, généralement née dans l'enfance.

C'est un jardin, c'est une campagne dont, très tôt, il découvre, émerveillé, les habitants rampants, volants, furetant, faufilés, trottinant.

C'est un filet offert pour l'anniversaire de ses huit ans. C'est pour Noël, au lieu d'une voiture de pompiers ou d'une tenue de Martien, le cadeau d'un… machaon. Ce nom se prononce presque comme celui d'un gâteau fondant sous la langue, mais il désigne un grand papillon jaune clair, noir, bleu et rouge.

C'est un grand-père qui l'emmène à la pêche et lui apprend à capturer ces sauterelles dont raffolent les poissons.

C'est un récit de voyage dans des contrées lointaines où sévissent de terribles fièvres.

C'est plus tard, lorsque l'heure est venue de choisir un métier, une discussion tendue avec des parents qui ne veulent pas croire qu'on peut gagner sa vie en observant les mouches ou les scarabées.

Plus tard encore, ce peut être un service militaire dans la Grande Île de Madagascar, où soixante-dix pour cent des espèces vivantes sont endémiques, c'est-à-dire qu'elles s'y sont développées sans aucun contact avec le reste du monde.

Ce peut être aussi, au cours de ses études de médecine, la découverte de l'univers exotique et grouillant des parasites.

Voici mille façons de devenir, comme François Rodhain, professeur d'entomologie médicale (incomparable formateur, inlassable éveilleur de curiosité). Comme Didier Fontenille, directeur de l'Institut Pasteur de Phnom Penh (l'un des spécialistes mondiaux des moustiques). Ou encore Frédéric Simard, responsable d'un laboratoire au nom mystérieux, MiGEVEC : Maladies infectieuses et vecteurs, écologie, génétique, évolution et contrôle. Sans oublier notre Chinoise de Tahiti et fermière de la rue de Vaugirard, en termes plus officiels « directrice de l'unité "Arbovirus, insectes, vecteurs" » : Anna-Bella Failloux.

Peu de gens sont plus passionnants à écouter.

Alors pourquoi si peu d'intérêt pour l' « entomologie médicale » ?

Pourquoi si peu d'enseignement disponible ? Pourquoi si peu de pages consacrées aux « vecteurs » dans les manuels de médecine ?

Cette indifférence est sans doute fille du mépris, de cette morgue imbécile qui fait croire à l'homme qu'il n'est pas un animal comme les autres.

Vive, oui, vive l'entomologie ! Et d'abord parce qu'elle sait combien les frontières du vivant sont poreuses !

Même si, à mieux connaître les entomologistes, on découvre chez eux certaines pratiques assez particulières.

Un beau jour de printemps, François Rodhain emmène dans la forêt tourangelle sa toute jeune fiancée, Françoise, elle aussi médecin. Du coffre de sa voiture, il sort une grande couverture blanche. Voilà un après-midi qui s'annonce bien, se dit la demoiselle énamourée. Las, une certaine déception ne tarde pas : si le fiancé déploie l'étoffe, ce n'est pas pour ce que vous et la fiancée espériez, c'est pour recueillir les tiques présentes dans le sous-bois.

Et savez-vous où Didier Fontenille passait ses nuits de lune de miel ? Comme François Rodhain, dans la forêt, mais pas plus pour la bagatelle. Non, il priait Marielle, sa toute récente épouse, par ailleurs institutrice, d'offrir aux moustiques locaux (malgaches) ses jambes et ses bras nus. Ainsi, jusqu'à l'aube, il pouvait les capturer en série, pour, plus tard, dans son laboratoire, dresser l'inventaire des espèces et des parasites que chacune portait…

Jusqu'où va l'amour ?

Tenter de répondre à cette question pouvant nous entraîner trop loin de notre sujet, contentons-nous d'un dossier plus simple : qu'est-ce qu'une preuve d'amour ?

Sans doute accepter les lubies d'un mari entomologiste.

*
* *

En ce soir de fin mai, nous assistons aux premières pluies de l'année sur le Mékong. La maison louée par les Fontenille donne sur le fleuve. Dans la pénombre grandissante, des petites lueurs clignotantes viennent de s'allumer sur l'eau. Ce sont les pêcheurs qui lancent leurs filets. À cause de la pollution, à cause des barrages qui se multiplient en amont, les poissons se font rares. Malgré l'âge, mon oreille est assez fine pour entendre les agaçantes petites vibrations que je commence à bien connaître. Pour les anophèles, l'heure du dîner a sonné. À vrai dire, je rentrerais bien me mettre à l'abri, mais je n'ose pas. Et je me dis qu'en présence de leur grand ami Didier les moustiques n'oseront pas me piquer.

Marielle me glisse à l'oreille :

« Jamais il ne vous le dira, mais trois nouvelles espèces portent son nom. »

Et elle se lance :

« *Aedes Neomelaniconion fontenillei*, *Orthopodomyia fontenillei*, *Toxorynchites fontenillei*. »

Gêne du mari qui se croit obligé d'expliquer :

« Un chercheur qui décrit une nouvelle espèce n'a pas l'impudence de la baptiser de son nom. Il la "dédie" à quelqu'un qu'il apprécie. Des collègues m'ont fait cet honneur. Pour dire la vérité, j'ai laissé décrire par d'autres une espèce d'anophèle : *ovengensis*. Et trois d'*Aedes albodorsalis* (du fait de la blancheur de son dos), *mathioti* et *masoalensis*… »

Un jour, une espèce portera-t-elle le nom de Marielle ? Je signe la pétition : pour la plus grande gloire de l'entomologie, cette dame, à l'instar de Françoise Rodhain, a payé de sa personne !

DEUXIÈME PARTIE

Où sont-ils ?

L'âge de la pierre nouvelle

Je vous emmène.

D'abord en Mésopotamie, huit mille ans avant Jésus-Christ.

C'est là, entre le Tigre et l'Euphrate, aujourd'hui la Syrie, aujourd'hui l'Irak, aujourd'hui la guerre, alors que jadis s'y déployait la plus haute des civilisations, c'est là, semble-t-il, que tout a commencé.

Car il ne faut jamais se tromper de début, dans les histoires. Sous peine de manquer d'élan, de ne jamais trouver, faute de recul, la bonne perspective.

Je sais désormais que la véritable histoire des moustiques commence avec l'âge de la pierre nouvelle.

L'« âge de la pierre nouvelle », autrement dit, en langue grecque, le « néolithique ».

C'est à ce moment-là de l'histoire des hommes qu'ils affinent leurs techniques de taille et de polissage de la pierre. C'est à ce moment-là, dans ce Croissant fertile, que l'agriculture s'invente. Au lieu de cueillir et de seulement chasser, au lieu de *prélever*, on apprend à *planter* des graines et à *élever* des bêtes.

Plus tard, d'autres foyers de cette « modernité » apparaîtront ailleurs, en Europe, en Asie du Sud, sans doute par le biais de lentes migrations. On note de semblables bouleversements au Pérou, au Mexique, qui n'avaient aucun contact avec les peuples du Croissant.

Toujours paresseux, je veux dire toujours gourmands de résumés, de simplifications et de rapidité, nous parlons volontiers de « révolution néolithique », alors que le mot d' « évolution » serait plus pertinent. À l'évidence, des milliers d'années furent nécessaires pour étendre ces pratiques, des tâtonnements, des échecs, des avancées, suivis d'inévitables retours en arrière.

Cependant, les rapports changent entre les humains et leur environnement : ils subissaient, ils veulent dominer. Leurs relations avec les animaux se trouvent aussi chamboulées : ils chassaient, ils domestiquent. Et leurs liens s'intensifient : désormais, on partage sa vie avec ses chèvres, ses moutons, ses bœufs…

Pour planter, il faut défricher. Ce faisant, on déloge les habitants de la forêt voisine. Il semblerait que la première épidémie à avoir frappé l'espèce humaine fût la rougeole, il y a… huit mille ans. Elle aurait été transmise par deux bœufs frappés par une sorte de peste.

Depuis la Mésopotamie, rien n'a changé.

Sauf que la déforestation s'est accélérée pour nourrir des hommes et des femmes toujours plus nombreux et toujours plus rassemblés dans des villes.

Allons rendre visite à Jean-François Saluzzo, Pierre Vidal et Jean-Paul Gonzalez, ces grands historiens de l'émergence des virus[1].

---

1. Tous trois auteurs de l'ouvrage *Les Virus émergents*, Paris, IRD, 2004.

Corée, 1950.

Une grande campagne est lancée pour développer la production de riz. Ravis de l'aubaine, les rongeurs se mettent à pulluler. Ils portent des virus, mais sans en être le moins du monde incommodés : ils se sont adaptés les uns aux autres. Ils ont évolué ensemble. Mais, un beau jour, ces virus franchissent les barrières et pénètrent dans les organismes humains. Inoffensifs chez les rongeurs, ils causent chez nous de terribles hémorragies. Si l'épidémie n'avait frappé que les riziculteurs autochtones, la presse internationale ne s'en serait guère émue. Mais innombrables sont les militaires américains en Corée, engagés dans une guerre terrible contre la Chine et l'Union soviétique...

Comme le définissent si bien Saluzzo, Vidal et Gonzalez : qu'est-ce qu'une maladie *émergente* ? Une maladie qui commence à concerner les pays riches.

Argentine, 1953.

Autre type de fièvre hémorragique. Elle touche les ouvriers agricoles. Cinq mille en meurent chaque année. L'histoire, cette fois, est liée au maïs. Comme en Corée, la progression des rendements, due à l'emploi massif d'herbicides, attire en masse les rongeurs, pour la plupart porteurs sains d'un redoutable virus. Tant qu'ils étaient peu nombreux et vivaient dans leurs forêts, aucun risque pour les hommes. Tout change avec l'efficacité nouvelle de l'agriculture.

Vive le progrès technique ! Qui ne saluerait l'arrivée des moissonneuses-batteuses, libérant les paysans de travaux pénibles ? Mais ces belles machines, en faisant leur ouvrage, broient le corps des rongeurs, dont elles projettent un peu partout les fragments, ainsi que leurs déjections particulièrement infectées. Il suffit d'inhaler le bon air de la campagne pour tomber malade.

États-Unis, 1993.

Épidémie soudaine de pneumopathie sur l'ancien territoire des Indiens navajos, aux frontières des quatre États : Utah, Colorado, Arizona et Nouveau-Mexique. Même cause de la maladie : une prolifération de rongeurs séduits par une récolte exceptionnelle de maïs.

L'histoire de la forêt profonde

Voici l'histoire que Didier Fontenille nous a racontée, par une belle soirée de mai, dans sa maison au bord du Mékong.

Figurez-vous que c'est une histoire de mondialisation, même si les paradis fiscaux n'y jouent aucun rôle, même si ses personnages ne sont ni Bill Gates, ni Donald Trump, mais des singes et des moustiques.

L'endroit où tout commence, c'est le cœur des forêts profondes.

Au cœur d'une telle forêt, africaine ou asiatique, il était une fois un singe. Un virus s'était introduit en lui on ne sait quand ni à quelle occasion. Le singe avait fini par s'habituer à la présence de ce virus. Même si nous n'étions pas là pour le vérifier, on peut dire que le singe et le virus vivaient en bonne intelligence.

Un jour arrive une femelle moustique. Comme toutes les moustiques femelles, elle n'a qu'une obsession : se gorger de sang pour que ses œufs puissent se développer. Le singe passe par là. La moustique le pique et, avec le sang, aspire le virus porté par le singe. L'appétit aiguisé, la moustique avise un autre singe. Pourquoi se priver d'un autre repas ? À nouveau, elle pique et, ce faisant, transmet le parasite à l'autre singe. Survient une nouvelle moustique assoiffée de sang, elle pique le singe. Ainsi se poursuit la ronde forestière des singes et des moustiques. Il ne manque qu'une musique pour accompagner ces joyeux échanges. Ou alors, c'est que nous n'avons pas suffisamment prêté l'oreille. Car, dans toutes les forêts profondes, les oiseaux chantent.

Cette ronde a duré longtemps, des années, des millénaires. Sans gêner qui que ce soit.

Un jour, la ronde s'agrandit pour une des trois raisons suivantes.

Première possibilité. C'est un homme curieux, ou un chasseur, qui pénètre dans la forêt. Tiens, se dit la femelle moustique, pourquoi ne pas essayer le sang de ce drôle de bipède, histoire de varier mon ordinaire ? Elle s'exécute et, ce faisant, lui fait cadeau du virus. De retour dans son village ou dans sa ville, le promeneur curieux, ou le chasseur, rapporte le virus. D'autres moustiques vont continuer à le piquer et à transmettre ainsi le virus des singes de la forêt à tous les habitants du village ou de la ville.

Deuxième possibilité. C'est le singe qui, un beau jour, se lasse de sa forêt. Il veut du neuf, il quitte ses grands arbres et, prudemment, s'avance vers le village, peut-être même ose-t-il s'aventurer jusqu'aux premières maisons de la ville. Une femelle moustique le repère. Car si les panthères sont rares dans les agglomérations, et les tapirs et les rhinocéros, il y a des moustiques partout, moustiques des forêts, moustiques des champs, et même moustiques urbains. Cette femelle moustique trouve à son goût cet animal à longue queue. En le piquant, elle lui prend son virus. Qu'elle offrira au passant, ou à la passante, dont elle fera son prochain repas.

Troisième variante de l'histoire, qui, cette fois, fait la part belle à dame moustique. Pourquoi ne s'ennuierait-elle pas, elle aussi, dans sa forêt profonde ? Madame Bovary moustique pose un jour de RTT, prend son courage à deux ailes et gagne la localité voisine. Le vertige la saisit. Tant de bras, tant de jambes, tant de nuques à piquer. Elle ne sait plus où donner du rostre. Elle pique et contamine. Repique et contamine encore.

Voilà comment un beau jour la ronde de la forêt s'est agrandie.

Voilà comment se sont répandus un peu partout les virus de la dengue, du chikungunya, du Zika et de la fièvre jaune.

Les leçons de la vigne

La planète se réchauffe, et l'espèce humaine en porte une part de responsabilité.

Après des années de débats, où la malhonnêteté a joué son rôle, cette évidence a fini par être acceptée.

Comment apprécier les conséquences sur notre santé de cet indéniable changement climatique ?

Fidèle à mes habitudes, j'ai choisi une méthode d'enquête qui fait la part belle aux plaisirs.

Suite à diverses manigances, et grâce aux renforts puissants de l'amitié, j'ai été admis dans une prestigieuse institution qui rassemble les plus grands vignerons de notre pays : l'Académie des vins de France.

Outre des dégustations légendaires, dont je tairai le détail de crainte d'éveiller chez le lecteur une jalousie tenace, cette appartenance me permet de suivre, terroir après terroir et année après année, l'évolution du climat et ses conséquences sur la culture de la vigne. Car le vin est de la « géographie liquide », comme aime à le répéter Tim Clark, ce petit-fils d'Irlandais et propriétaire du très beau domaine Clonakilla (je vous conseille son formidable shiraz viognier !), dans la région de Murrumbateman, non loin de Canberra (Australie).

Pour qui veut comprendre les métamorphoses climatiques en cours, une promenade dans les vignes du monde apporte les plus riches enseignements.

Tout réchauffement augmente le taux de sucre des raisins. Et comme l'alcool vient du sucre, tout surcroît de sucre entraîne un surplus d'alcool. Certains amoureux du vin, voulant donner une base scientifique à leur passion, ont proposé des lois. Ainsi, *un degré* supplémentaire de la température moyenne mondiale pourrait correspondre à un décalage vers le nord d'environ *deux cents kilomètres* des conditions climatiques. Ainsi Colmar, dans vingt ans, connaîtrait le climat de Lyon aujourd'hui. Et Bordeaux, celui d'Avignon... De même, on peut tenter d'établir une relation entre température et taux d'alcool. En Champagne, il a été constaté que le degré d'alcool des raisins à la vendange était passé de neuf à dix degrés.

Ces tentatives de simplification et de généralisation se heurtent bien sûr à la diversité des situations (et des cépages).

Mais une donnée commerciale est certaine : la majorité de la clientèle ne veut pas de vins trop alcoolisés. Pour elle, « le vin n'est pas de l'alcool » ; et, au moins au déjeuner, elle préfère boire « quelque chose de léger ».

Comment empêcher alors les vins de dépasser le taux d'alcool auquel nous sommes habitués : entre douze et treize degrés ?

Ne mentionnons pour mémoire que l'indigne expédient qui consisterait à verser de l'eau dans son vin. Ceux qui se rendent coupables de telles pratiques ne méritent pas le nom de vignerons.

La vraie solution, toute bête, consisterait à s'installer ailleurs : on va planter là où il fait moins chaud. C'est-à-dire plus haut. Plus haut en latitude. Et plus haut en altitude.

Dans la vallée du Rhône, les vignes se déplacent vers le sommet des collines. Et le Sud-Est de l'Angleterre voit s'implanter des vignes capables de produire un quasi-champagne qui gagne chaque année en qualité.

Chère lectrice, cher lecteur, vous êtes en train de vous dire que, las des parasites, j'ai décidé de m'octroyer quelques vacances œnologiques. Ce serait sous-estimer mon professionnalisme.

Cette nouvelle répartition géographique du vin raconte la même histoire que celle des maladies. Le réchauffement affecte *tout le vivant*, et pas seulement les plantes.

Les champignons remontent vers le nord. C'est ainsi que l'oïdium se dépose sur les feuilles et les déforme peu à peu. Les dommages sur la vigne sont considérables : baisse des rendements, odeur de pourriture qui rend rapidement toute vinification inutile. Ce champignon, qui ne colonisait que les vignes méridionales, s'attaque désormais à la Bourgogne et au Bordelais.

Et les insectes suivent la même route, cap au Nord.

Quelques exemples.

Ne vous fiez pas à son joli nom : la *cicadelle* est une calamité. Pourtant, elle appartient à la famille de la gentille et musicienne cigale. Hélas, cette cicadelle est souvent porteuse d'un parasite. En piquant la feuille pour se nourrir de sa sève, la cicadelle transmet le parasite. Deux ans plus tard, le cep meurt. Cette terrible maladie s'appelle… la *flavescence dorée*. En langage poétique, la flavescence désigne une couleur brillante et dorée. Pour la vigne, ce sera un chant du cygne, elle expire juste après. Preuve que nous, les animaux, ne sommes pas les seules victimes des « maladies à vecteur ».

Le *Cryptoblabes gnidiella* est un papillon dont l'appétit fait des ravages sur toutes les plantations d'agrumes, sans épargner les vignes.

L'*eudemis* est aussi un lépidoptère. Sa chenille, non contente de dévorer les boutons floraux, perfore la peau des grains de raisin. De ce fait, elle ouvre la porte à un champignon, le *botrytis*, qui ne va pas tarder à s'installer. Une pourriture grise se met à recouvrir les grappes…

Aucun de ces malfaisants n'avait jamais songé à s'aventurer en France. Ils pressentaient qu'au moindre gel ils seraient décimés. Or, la douceur des hivers actuels leur a ouvert de nouveaux horizons. Et les voici dans nos campagnes !

De la même façon, on peut penser que le réchauffement général influencera les rythmes biologiques : accélération de la croissance du parasite dans l'insecte vecteur, diminution de la durée du temps d'incubation chez l'animal piqué, raccourcissement probable de la durée de vie des moustiques…

Mais pour prévoir les migrations des moustiques, les régions où ils vont décider de s'installer et le nombre de ces envahisseurs, la hausse des températures n'est qu'une des données. Tous les épidémiologistes rappellent qu'au XVIIe siècle, durant ces décennies de grand froid qu'on a baptisées « le petit âge glaciaire », le paludisme frappait une bonne partie de l'Europe. Il faut donc trouver d'autres explications. La plus évidente est celle du développement économique. Comme le rappellent Rodhain et Schwartz, « le paludisme est moins une conséquence de la chaleur qu'une maladie de la pauvreté. Et surtout de la pauvreté rurale[1] ». Les autres maladies, transmises par d'autres moustiques, les *Aedes*, prospèrent dans ces bombes sanitaires et sociales que sont les villes d'aujourd'hui, où s'entassent en Asie, en Afrique, en Amérique latine des millions et des millions d'êtres humains. Habitats insalubres, égouts à ciel ouvert, flaques des rues défoncées…

Seule une bonne maîtrise de l'eau, de sa circulation, de son évacuation permet de chasser les moustiques de leurs gîtes.

Une maîtrise de plus en plus difficile au fur et à mesure que le climat se dérègle.

Adieu, la succession tranquille, tempérée, des saisons. Les phénomènes extrêmes s'enchaînent. À des sécheresses terribles succèdent des inondations meurtrières. Et rien n'est plus propice aux larves

---

1. Maxime Schwartz, François Rodhain, *Des microbes ou des hommes. Qui va l'emporter ?*, Paris, Odile Jacob, 2008.

que ces grandes étendues d'eau stagnante qui ne s'écouleront pas avant des semaines, voire des mois.

Comme toujours, l'eau, source de vie, est la première matrice des maladies.

*

* *

Et maintenant, partons en voyage !

I

PANAMA

Petit détour par Panama.

Non par besoin pressant d'optimisation fiscale, mais pour venir y saluer la fin des travaux d'agrandissement du canal.

La Compagnie nationale du Rhône y a conçu un nouveau modèle d'écluses géantes, longues de quatre cents mètres, capables d'accueillir les porte-containers « post-panamax » (quatorze mille boîtes).

Le 1er septembre 1513, le conquistador Balboa quitte le rivage de l'Atlantique et, à la tête d'une petite troupe, s'enfonce plein sud dans l'inextricable et menaçante forêt tropicale. Trois semaines plus tard paraît à travers les arbres une grande étendue d'eau. Les soldats se précipitent, boivent et grimacent. Le goût de sel indique qu'une autre mer vient d'être découverte. C'est Magellan qui, sept ans après, la baptisera « pacifique ».

Durant près de quatre siècles, cette traversée de l'isthme, le trajet le plus court pour passer d'un océan à l'autre, sera empruntée par les caravanes de chevaux et de mules transportant vers l'Espagne, via Cuba et La Havane, l'or et l'argent arrachés aux pays andins : Colombie, Bolivie, Pérou…

La légende veut que l'idée d'un canal vienne de Charles Quint. Mais il faut attendre trois siècles et un Français, Ferdinand de Lesseps, le « vainqueur de Suez », pour qu'on ose un tel chantier. Les travaux commencent en 1880. Après de multiples épisodes, faillites et scandales, les États-Unis reprennent le flambeau et s'installent. Le 15 août 1914, le vapeur *Ancon* ouvre la voie.

Avant de s'éberluer devant le gigantisme des travaux, un petit pèlerinage s'impose. Ici et là, dispersés dans la forêt, quelques cimetières, tout en sobriété, rappellent à notre bon souvenir le triste destin de ces ouvreurs de voie nouvelle. Français de métropole ou des Antilles, Polonais, Italiens, sans oublier les très nombreux Panaméens…Vingt-six mille ouvriers ont payé de leur vie l'avancement du chantier géant. Et, principalement, pour cause de maladies (paludisme et fièvre jaune).

Au cœur de la vieille ville de Panama, pour être plus précis face à la cathédrale, donc très loin des buildings où s'activent aujourd'hui les banquiers et les avocats, mauvais génies du blanchiment, l'ancien Grand Hôtel, jadis propriété d'un Alsacien (le très respecté M. Georges Loew), fut racheté en 1888 par la Compagnie universelle du canal interocéanique pour en faire son siège. C'est aujourd'hui un musée passionnant où vous apprendrez tout de la vie (mondaine pour les uns, infernale pour les autres) des bâtisseurs. Vous comprendrez mieux l'immensité des défis techniques, et de terribles clichés vous attendent. Vous y verrez les visages des malades ravagés par les fièvres.

Les ingénieurs français croyaient aller au plus simple en creusant une tranchée d'un océan à l'autre. Mais il fallait franchir la cordillère centrale. Quoique « petite », celle-ci résista. Un autre plan fut vite choisi : retenir par des barrages les eaux de diverses rivières, dont le Chagrès. Un lac est ainsi créé, au centre de la péninsule. Vingt-six mètres au-dessus du niveau de la mer. Il suffira d'y monter les bateaux, puis de les redescendre, une fois atteinte l'autre extrémité du lac. Et voilà pourquoi le canal de Panama est d'abord, contrairement à l'idée la plus répandue, un système d'écluses, qui sont autant d'ascenseurs.

Cette immense étendue d'eau est-elle à l'origine des nuées d'insectes qui ne cessent de vous assaillir ?

Depuis plus d'un siècle, la plupart des sites de gîtes larvaires proches des habitations sont régulièrement asséchés.

Depuis 1932, date de la découverte d'un vaccin, tous les Panaméens devraient être débarrassés de la fièvre jaune. Alors pourquoi cette maladie revient-elle en force, dès qu'on baisse la garde, dès que cessent les campagnes d'éradication, dès que sont dédaignées les moustiquaires, dès que sont oubliés ou refusés les vaccins ?

Maintenant que les mécanismes de la transmission sont connus, le mystère est élucidé.

Si, dans les zones habitées, la contamination n'est qu'une affaire d'hommes et de moustiques, en forêt, un troisième personnage intervient : le singe.

S'il est piqué par un moustique infecté, le singe va multiplier le virus dans son organisme. Ce singe devient un réservoir de virus : tout moustique sain le piquant sera contaminé. Mais ce singe développe très vite des anticorps qui vont, au bout de quatre à cinq jours, exterminer tous les virus présents dans son organisme. Le singe est redevenu sain. Il peut être piqué autant de fois que possible, il ne transmettra plus rien. On appelle « culs-de-sac épidémiologiques » ces individus immunisés, humains ou animaux.

Voilà comment le virus de la fièvre jaune se déplace, lentement, dans la forêt. Il contamine une bande de singes avant de passer à d'autres lorsque les précédents y seront devenus, pour toujours, réfractaires.

Hélas, il n'en est pas de même pour le moustique. Il n'a pas la capacité, à l'instar des singes, de se débarrasser des virus qu'il porte. Une fois infecté, il le reste toute sa vie. Pis, ses œufs sont eux aussi contaminés. Et c'est ainsi que le virus se transmet de génération en génération.

Et que la fièvre jaune ne cesse de renaître.

II

GUYANE

Le 5 août 1498, lors de son troisième voyage, Christophe Colomb longe les côtes de Guyane. L'un de ses capitaines, Vicente Yanez Pinson, y débarque un peu plus tard, durant l'été 1500 : une tempête l'a jeté sur un banc de sable. On estime à trente mille le nombre d'Amérindiens vivant alors dans cet immense territoire du nord de l'Amazone. Quelques décennies plus tard, ils ne seront plus que quelques milliers, décimés par les violences des conquérants et par les maladies qu'ils importent. Pour être juste, les Européens meurent aussi, en masse, victimes du climat et des micro-organismes, aussi divers que nocifs. Suivent quatre siècles de tentatives malheureuses pour y installer une colonie. Le désastre de Kourou restera dans les annales. Quinze mille Français arrivent en 1764, principalement d'Alsace et de Lorraine. On leur a fait miroiter de rapides et colossales fortunes. Mais ce sont les dysenteries qui les attendent, la fièvre jaune, la syphilis... En peu d'années, douze mille d'entre eux meurent. Les survivants se réfugient sur une île qu'ils baptiseront « du Salut ».

Pendant ce temps, les puissances très chrétiennes ne cessent de batailler pour le contrôle de cette colonie.

La France finit par l'emporter. Deux arbitrages fixent les frontières, l'un rendu par le tsar de Russie, qui choisit le fleuve Maroni comme limite occidentale, l'autre concocté par une commission… suisse. Elle prend l'Oyapock comme extrémité orientale. De l'autre côté commence le Brésil.

La Guyane va vivre au rythme de grandes aventures, pas toujours douces.

L'esclavage, qui permet à des plantations de se développer.

Les bagnes, décidés par Napoléon III. Les forçats et leurs « travaux forcés » prennent le relais pour développer le territoire. C'est grâce au reportage terrible d'Albert Londres que l'administration, à contrecœur, décidera finalement de les fermer (pas avant 1946…).

Les successives ruées vers cet or qu'on trouve dans de nombreux cours d'eau.

Enfin la conquête spatiale.

L'Algérie devenue indépendante en 1962, il fallait, pour remplacer Colomb Béchar, que la France se trouve un nouveau centre de lancement le plus près possible de l'équateur. Le général de Gaulle choisit Kourou, le lieu même de l'ancien désastre. À ce jour, dans le cadre d'un programme devenu européen, plus de cinq cents fusées en ont décollé, dont les *Véronique* et les *Ariane*.

*

*   *

Cette région française raconte l'histoire moderne, et future, de la santé et de sa mondialisation.

Cayenne est une ville qui se développe au cœur d'une nature encore sauvage, donc au contact permanent avec toute une panoplie d'insectes, de rongeurs, de chauves-souris, qui sont autant de porteurs potentiels de tous les parasites imaginables.

La Guyane : une terre entourée de fleuves et gorgée d'eaux. Précipitations annuelles : deux mille neuf cents millimètres.

La Guyane : un climat équatorial. Température moyenne : vingt-six degrés.

Eau plus chaleur : rien de tel pour que prolifère la vie. Et quand la vie prolifère, prolifèrent les maladies, un des mécanismes inséparables de la vie.

La Guyane : une terre de forte croissance démographique : en moyenne, près de quatre pour cent par an, près de dix pour cent vers l'ouest, le long du Maroni.

La Guyane : une terre d'accueil involontaire pour deux catégories de population, sans contrôle sanitaire possible : les immigrés (difficiles à comptabiliser) et les orpailleurs (deux bonnes dizaines de milliers). Même si les autorités officielles minimisent volontiers l'importance de ces chercheurs d'or.

Trois cent cinquante militaires leur font la chasse. Il semblerait que ces campagnes aient permis d'éradiquer les pratiques industrielles, les réseaux organisés et dirigés par de gros bonnets brésiliens. Demeurent des artisans, dont la situation est pire.

Ces malheureux, des damnés, des forçats, ne se contentent pas de détruire la forêt et d'empoisonner les cours d'eau. Ils transmettent aux habitants des villes où ils viennent dépenser leur argent les maladies attrapées dans leurs campements reculés. Sans nul doute, ils sont des agents privilégiés de toutes les contaminations.

Guyane : improbable frontière de la France et donc de l'Europe avec l'Amérique latine.

Le paludisme y tue. Encore et toujours.

La dengue, le chikungunya et bien d'autres fièvres transmises par les moustiques peuvent aussi se faire meurtrières.

Mais, dans notre imaginaire, c'est le Zika qui nous fait le plus trembler.

Car deux de ses atteintes sont accompagnées d'images d'épouvante.

– La paralysie progressive et générale avec le syndrome de Guillain-Barré.

– La tête à jamais petite des enfants nés de femmes contaminées par le virus pendant leur grossesse.

Guyane : avant-poste du Zika (du point de vue de l'Europe). Rappelons-nous encore et encore cette définition de l'*émergence* : une maladie émergente est une maladie qui commence à toucher des pays riches.

Bienvenue au Vectopole

Mirdad Kazanji est, à lui seul, une arche de Noé. Des origines multiples et croisées lui ont donné une richesse singulière.

Grands-parents arméniens, réfugiés en Syrie pour échapper au génocide de 1917. Enfance à Lattaquié, au bord de la mer, entre Turquie et Liban. Un jour, son père revient d'une visite médicale : « Je suis malade du cœur, mon fils. Toi, tu seras médecin pour me soigner. » Le lendemain, le père meurt. Mirdad a treize ans. Il part en France. Marseille. Études de biologie médicale. Sa thèse : « Étude de la protéine majeure de surface des sporozoïdes d'*Eimeria falciformis* ». En d'autres termes, plus compréhensibles : comment améliorer l'efficacité de la vaccination en stimulant certains processus immunitaires. Intéressé par ces travaux, l'Institut Pasteur l'engage.

Vingt-cinq ans plus tard, Mirdad Kazanji prend la direction du centre de Cayenne.

Dans la cour, de tout petits singes-écureuils tentent de capter notre attention. Ils grimacent, battent des mains, tirent la langue. Manifestement, ils aiment la compagnie et s'ennuient dans leur cage, pourtant très vaste. Durant des années, les chercheurs les ont mis à contribution pour tenter de découvrir, hélas sans succès, un vaccin contre le paludisme. Aujourd'hui, plus personne ne dérange ces retraités. Un vif débat oppose les deux vétérinaires chargés de prendre soin d'eux. Le premier penche pour les relâcher dans la forêt. Il est traité par le second d'assassin. Comment ces pauvres bêtes, habituées au confort passif de la captivité, pourraient-elles survivre dans la violence du monde sauvage ? Vieux débat, souvent traité dans les fables : le chien et le loup, le rat des villes et le rat des champs…

Un grand bâtiment tout neuf nous attend.

Mirdad approche son badge d'un lecteur. Une porte s'ouvre. Et nous voici entrés dans le Vectopole. Des chercheurs y étudient les fameux *vecteurs*, qui nous transmettent des maladies.

Je croyais rencontrer des médecins. Ce sont des entomologistes qui m'accueillent. Et d'abord M. Pascal Gaborit.

Il dirige la section « Taxinomie ». En d'autres termes, il est chargé de distinguer et de classer les différentes espèces de moustiques présentes sur le territoire de la Guyane.

Croyant pouvoir déduire de mes cheveux rares et blancs que la technologie m'effraie, il me montre d'abord une collection de boîtes. Des milliers et des milliers d'insectes transpercés d'une aiguille, accompagné chacun d'une étiquette calligraphiée indiquant son espèce et le lieu de sa capture. Le moment est venu d'en savoir plus sur un mystérieux monsieur Abonnenc dont tout le monde ici semble faire grand cas.

Né à Marseille en 1905, son service militaire décide de sa vie. On l'envoie comme infirmier auxiliaire en Afrique, d'abord au Sénégal, puis au Gabon. Il se découvre une vocation d'explorateur. À ce titre, il va cartographier les régions, alors inconnues, du haut Ogooué. En même temps, il se passionne pour les insectes.

Bientôt, Émile Abonnenc rejoint la Guyane, où vient de se créer l'Institut Pasteur. À peine arrivé, il disparaît dans la forêt. Ses expéditions se succèdent, des semaines et des semaines sur sa pirogue ou le long de sentiers à peine tracés. Il ne revient que pour présenter ses découvertes, des dizaines et des dizaines d'espèces nouvelles. C'est ainsi qu'il devient le spécialiste mondial des... phlébotomes.

Jusqu'alors, je ne connaissais ce mot que par l'ami de Tintin, le capitaine Haddock, qui l'emploie volontiers comme injure : « Bachi Bouzouk !... Phlébotome ! » En réalité, il s'agit de minuscules insectes, de la famille des mouches, qui peuvent porter des parasites. La piqûre d'un phlébotome infecté peut entraîner chez l'homme une leishmaniose, maladie grave de la peau. Mais Abonnenc a la curiosité large. Il traque et recueille tous les autres insectes, et ceux-ci ne manquent pas sous les grands arbres.

La recherche passée ayant été saluée, passons à la modernité, c'est-à-dire à ces boîtes améliorées que sont les ordinateurs.

« Vous vous intéressez principalement aux moustiques, n'est-ce pas ? »

Défilent sur l'écran des centaines d'images, des détails fortement agrandis de mes animaux favoris.

Je vais enfin pouvoir poser la question qui me taraude depuis mon arrivée :

« Combien avez-vous repéré d'espèces de moustiques en Guyane ?

– Deux cent trente-cinq, à ce jour. Car chaque expédition peut nous en faire découvrir de nouvelles.

– Et combien d'espèces portent des parasites dangereux ?

– Une bonne trentaine. Mais comment savoir ? Les espèces s'adaptent continuellement. Certaines qui refusaient un hôte peuvent l'accueillir demain.

– Votre tâche est donc désespérée ?

– Vous voulez sans doute dire exaltante ? »

Et, pour continuer de se moquer, il a fait surgir une vue très étrange et très colorée. Il doit s'agir de pattes très poilues, avec des boursouflures rougeâtres.

« Je vous présente l'une de nos dernières espèces découvertes : *Haemorrhoidalis superbus.* »

Vous comprendrez sans peine l'origine du nom qui lui a été donné.

Dans une pièce voisine, Amandine Guidez tartine de miel des petites languettes de papier. Elles seront disposées dans la banlieue de Cayenne, à des endroits où sont détectés des cas de Zika. Il s'agit de déterminer le pourcentage de contamination des moustiques : un pour mille ? un pour dix mille ?

Une fois la salive de moustique recueillie dans le miel, il suffit de l'analyser (je résume, bien sûr, les procédures complexes permettant d'amplifier l'ARN du virus qui peut être ainsi découvert puis identifié).

De l'autre côté d'une vitre épaisse, une silhouette tout de blanc vêtue, façon cosmonaute, s'affaire devant un microscope. On veut bien croire monsieur le directeur quand il nous la présente : « Mademoiselle Lanjio Wang ». Plus tard, je la rencontrerai, revenue dans des vêtements moins encombrants. Et j'aurai besoin de toute ma force de conviction pour la persuader de me raconter son histoire : elle ne cessait de me répéter qu'elle n'était qu'une étudiante « normale », sans intérêt particulier. Et pourtant, elle est née dans un petit village de l'extrême sud-ouest de la Chine, tout près de la frontière birmane. Ses parents, comme tous leurs voisins, cultivaient le thé wulong. Vite repérée pour ses dons, Lanjio est envoyée poursuivre ses études à Pékin. En 2011, elle est choisie pour un programme d'échange avec l'université de Nice. Elle y décroche un diplôme d'ingénieur. Puis s'envole pour... la Nouvelle-Calédonie et son Institut Pasteur. Stage de six mois. Puis nouvel envol, pour Cayenne, où elle travaille désormais sur les mécanismes des résistances aux insecticides.

Mondialisation de la santé...

Les chercheurs bougent et mutent autant que les virus qu'ils combattent.

Les laboratoires biologiques sont classés en quatre catégories, selon les recherches qui y sont menées et les précautions qui doivent les accompagner. Celui-ci est « P3 », presque au sommet des risques courus.

Soulagé, je resterai de ce côté de la vitre. Courageux mais pas téméraire, j'ai déjà le cœur qui bat quand on me fait pénétrer dans une autre partie, classée seulement (!) P2. On enfile de petits sacs par-dessus ses chaussures, on revêt une blouse, on se coiffe d'une charlotte en plastique. On se laisse emporter, courageusement, par un flux d'air tiède (« Le laboratoire est en sous-pression, monsieur. Ainsi, les particules peuvent y entrer, mais jamais en sortir. Vous comprenez ? »)

De l'œuf à l'adulte, en passant par les larves et les nymphes, on étudie ici toutes les étapes de l'existence de nos ennemis. Une précision de taille. Il n'existe pas de supermarché de moustiques. On ne peut pas les acheter sur Amazon, même si nous sommes dans sa région. Toutes les bêtes ici présentes ont été recueillies par les chercheurs du Vectopole.

« D'ailleurs, demain, me dit Mirdad, nous partons en forêt. Vous verrez l'autre partie de notre travail. La légitimité de l'entomologiste, c'est le terrain. »

À l'idée de l'aventure qui nous attend, ses yeux brillent.

Je ne suis pas sûr de partager son enthousiasme. Si ma tête, depuis toujours trop grosse, a peu de chance de rétrécir, je connais le syndrome de Guillain-Barré. Il a frappé ma mère. Se voir paralysé chaque jour un peu plus n'est pas une expérience réjouissante. Mais du calme, pour le moment, je suis protégé.

Le Vectopole commence par le commencement, c'est-à-dire par la copulation. Oui, l'Institut Pasteur de Cayenne favorise les rencontres. Pour échauffer les sens de ses pensionnaires, il va même jusqu'à les soumettre à des lumières de boîtes de nuit, de celles qui ricochent sur de grosses boules tournantes et qu'on appelle stroboscopiques. Mieux, lorsqu'un heureux événement se profile, l'institut, dans sa bonté intéressée, nourrit les parturientes pour que leur descendance se développe dans les meilleures conditions possibles. Des souris, vivantes, mais anesthésiées, sont introduites dans la cage. Il n'y a plus pour l'insecte femelle qu'à se gaver de leur sang. Les œufs qui viennent attendent d'éclore, posés sur des buvards. Bientôt, ils deviennent larves, puis moustiques. De temps en temps, l'un d'entre eux s'échappe. Le chercheur le plus proche sort de sa poche une mini-raquette, et hop, d'un smash ou d'un revers, il chope l'évadé et l'électrocute, au grand soulagement de tous les présents.

Dans cette partie du Vectopole, on étudie la sensibilité des moustiques à tous les insecticides possibles, et d'abord naturels. Vous apprendrez, avec, j'en suis sûr, le même bonheur que le mien, que les tests utilisant certains champignons sont déjà très prometteurs. C'est là aussi qu'on infecte les moustiques avec du sang contaminé pour étudier le parcours du parasite et ses métamorphoses. Nous savons que le virus ne peut être transmis que s'il a pu atteindre les glandes salivaires de son hôte. Pour savoir s'il est présent (et donc potentiellement actif), il faut donc faire saliver le moustique. La méthode retenue ne satisfera pas les amis des animaux : on arrache une aile à la petite bête. Allez savoir pourquoi cette torture déclenche une telle réaction salivaire.

N'oublions surtout pas de saluer trois autres membres éminents de l'équipe. Quand le besoin d'une plus grande quantité de sang se fait sentir, on prie un trio de lapins, élevés eux aussi dans le laboratoire, de bien vouloir payer de leur dodue personne. Il n'est pas superflu de savoir que ces collaborateurs à longues oreilles s'appellent respectivement Lilou, Roger et Jeannot.

Sachez qu'ici rien n'est laissé au hasard. Certains moustiques (les anophèles) sont actifs la nuit. Les *Aedes*, quant à eux, piquent plutôt à l'aube et vers dix-sept heures. Une armoire très technologique (offerte par le Rotary local) reproduit ces conditions de température et de lumière...

*

* *

« Que savez-vous des chauves-souris ? »

Le laboratoire de virologie se trouve de l'autre côté de la cour, juste après les singes-écureuils. La question de la responsable m'a pris de court. En attendant ma réponse, elle me regarde avec sévérité. J'avoue mon ignorance. J'aggrave mon cas en parlant de mon dégoût devant ces, comment les appeler ? ces sortes de sangsues volantes. J'ai le grand tort d'ajouter que ma calvitie me protège du risque de voir ma chevelure agrippée, le soir venu, par ces bêtes volantes... Ah ! elle n'apprécie pas, pas du tout la plaisanterie, et hausse les épaules.

« Et voilà ! Tous pareils ! Ils me parlent d'esthétique. Et après, quand une épidémie éclate, ils s'étonnent ! »

J'ai besoin d'une leçon.

« D'accord, les chauves-souris ne sont pas bien belles. Et alors ? Depuis quand la joliesse est un signe d'utilité ? Elles possèdent un trésor que nous, humains, devrions leur envier : un système immunitaire exceptionnel. Elles peuvent porter, sans en souffrir, les virus les plus redoutables. Comme le hantavirus, qui peut provoquer de terribles troubles cardio-respiratoires. Ou l'arenavirus, tout aussi redoutable. Alors, pourquoi un tel dédain vis-à-vis des chauves-souris ? Pourquoi si peu de crédits débloqués pour en améliorer la connaissance ? »

Une fois de plus, la honte me vient d'avoir passé trois ans de ma vie à rédiger ma thèse d'économie sur « l'offre de monnaie en économie ouverte » alors que les chauves-souris m'attendaient.

La savante reprend : « Trouvez-vous normal, trouvez-vous acceptable qu'il manque encore un inventaire fiable de toutes les espèces de chauves-souris présentes en Guyane, certainement plus de cent ? Et les vampires, pourquoi ne laisser que les cinéastes et les romanciers s'y intéresser ? Savez-vous que certains mesurent près d'un mètre d'envergure ? Pour l'instant, ils ne s'attaquent qu'au bétail. Et pourquoi ne mordraient-ils pas un homme, un jour ? »

À bout de souffle, la virologue s'arrête.

« Je continue ou vous avez compris ? »

Je balbutie que oui, j'ai compris.

« Puisque vous avez été parachuté ambassadeur de l'Institut Pasteur, allez-vous défendre mes chauves-souris ? »

Je le jure.

Ambassadeur des chauves-souris, je n'y aurais jamais pensé, mais pourquoi pas ? Après tout, les chauves-souris sont un pays comme les autres. Nous avons bien des représentants officiels dans les paradis fiscaux. Et qu'est-ce qu'un paradis fiscal ? Un lieu où se planquent et se développent, en toute impunité, les très malfaisants virus de l'argent sale. Pas de meilleur système immunitaire contre les poursuites. Comme chez les chauves-souris. Qu'est-ce qu'une chauve-souris ? Si l'on y songe, un paradis immunitaire, c'est-à-dire un paradis pour soi (on ne souffre pas des virus), mais une bombe pour les autres.

La virologue, enfin apaisée, me souhaite bonne continuation pour ma mission. Du seuil de son bureau, elle agite la main.

« N'oubliez pas, monsieur Orsenna, il n'y a pas que les moustiques ! Il y a pire ! Il pourrait y avoir bien pire ! »

Les pièges de Sainte-Rose

Ce matin, départ vers un petit village amérindien dont le nom poétique m'intrigue : Sainte-Rose-de-Lima. Que vient faire, au-delà des Andes et de l'autre côté de l'Amazone, la patronne de la capitale péruvienne ?

Ces derniers jours, la population a dû prier plus que de coutume, car trois cas graves de paludisme viennent d'y être constatés. C'est la raison pour laquelle deux entomologistes de l'institut ont pour mission de recueillir dans la zone le maximum de moustiques pour tenter de répondre aux questions habituelles : les anophèles sont-ils plus nombreux qu'ailleurs dans le secteur ? D'autres espèces les ont-elles rejoints ? Se pourrait-il qu'elles aussi soient « compétentes » pour accueillir et donc transmettre le parasite *falciparum* ?

Une fois le salut rituel de présentation au « capitaine » du village, les pièges sont installés non loin des maisons.

Leur principe est toujours le même : attirer les moustiques par l'odeur ou par la lumière, puis les aspirer.

Je vais vérifier à quel point les entomologistes, outre leur savoir sur l'inépuisable diversité des insectes, doivent posséder un sens aigu du bricolage. On connaît les très gracieux filets qu'agitent en tous sens les chasseurs de papillons. Les techniques modernes n'ont guère gagné en sophistication.

Les pièges de la première catégorie, les « parfumés », profitent de l'attirance des moustiques pour le CO_2. Ainsi le « mosquito magnet », meilleure vente locale, fonctionne-t-il avec une bonbonne de gaz qui permet de créer un courant d'air chaud. Pour agrémenter l'effluve, on y ajoute de l'octenol, un parfum dont raffolent nos cibles. Il paraît que l'odorat de nos amies piqueuses peut percevoir ces effluves à plus de cinq cents mètres. Un autre piège est installé à l'autre bout du village, sur la rive d'un charmant ruisseau. Le système, cette fois, doit tout à Pasteur. C'est en effet de la fermentation que naît le CO_2 recherché. On a rempli une bouteille de sucre mélangé avec de la levure. Un tuyau la relie à une petite machine simple qui émet et aspire. Les petites bêtes seront recueillies dans un filet de gaze.

D'autres techniques font appel à la lumière. Rien de plus simple : une pile alimente une ampoule. On peut moderniser l'appareil en y ajoutant un mini-panneau photovoltaïque. Sitôt la nuit venue, la lumière brille, vers laquelle les moustiques se précipitent.

Maripassoula

Du haut d'un avion, l'Amazonie ressemble à un champ (immense) de brocolis, moucheté çà et là de taches orangées – ce sont les blessures faites à la forêt par les orpailleurs : arbres abattus, terre à nu, mercure dans tous les cours d'eau.

Ce matin-là, après une petite heure de vol, voici Maripassoula. Sur le bord du Maroni, c'est la ville principale (douze mille habitants) de cette extrémité sud-ouest de la Guyane.

Dès le hall d'entrée de la mairie, deux affiches mettent en garde :

MERCURE ET GROSSESSE. Protégez-vous avec les bons poissons !

Suivent les photos des espèces plutôt herbivores : Watau Jaïke, Kawawa, Alumasî…

MERCURE ET GROSSESSE Protégez-vous en évitant les mauvais poissons !

Suivent les photos des prédateurs dont la chair contient du mercure : Ekëmu, Huluwî, Halataway…

Je savais que l'orpaillage clandestin était un désastre. Le maire va m'expliquer pourquoi.

Dans le sol, et notamment dans le lit des rivières, l'or se présente sous forme de petits fragments enserrés dans des cailloux.

Pour extirper de cette gangue le métal précieux, la recette est simple :

1) Aspirer cette boue grumeleuse.
2) La broyer.
3) Dans la soupe ainsi obtenue, verser une bonne quantité de mercure, lequel se lie aux particules d'or. Une matière visqueuse se forme.
4) La recueillir et la pétrir pour en sortir de petites boules.
5) Il suffit alors de les chauffer à quatre cents degrés. Le mercure se met à bouillir. Bientôt il s'évapore.

Reste l'or.

Méthode efficace et simple.

Mais particulièrement nocive.

Non content d'agresser l'environnement en empoisonnant l'atmosphère par ses vapeurs et en polluant les cours d'eau, le mercure attaque l'espèce humaine.

À son contact, toutes sortes de maladies peuvent nous arriver : dérèglement des systèmes nerveux, digestif, immunitaire ; agression de la peau, des reins, des poumons, des yeux…

Mais les fœtus sont les plus menacés.

Libéré en haute dose dans la nature, le mercure est transformé par des bactéries en méthylmercure. Ce composé a la propriété néfaste de s'accumuler dans certains « réservoirs biologiques ». Par exemple, les poissons. Si une femme enceinte mange du poisson contaminé, le cerveau et le système neurologique du fœtus risquent fort de ne pas se développer normalement : troubles prévisibles de la cognition, de la mémoire, de la motricité...

Outre les dégâts meurtriers qu'il cause à l'environnement, l'orpaillage agresse, via le mercure, la santé publique.

Chaque orpailleur est un réservoir d'agents infectieux particulièrement malfaisants. Puisqu'il vit dans la forêt, l'orpailleur est en permanence piqué : il ne peut donc qu'être infecté. Il n'est jamais bien soigné, car, toujours en situation illégale, il se garde bien de rendre visite aux dispensaires. Les médicaments qu'il prend sont le plus souvent de mauvaise qualité, ou périmés. Et il interrompt le traitement sitôt la crise passée. En conséquence, non seulement le parasite demeure dans son sang, mais il devient résistant.

L'or. Métal imbécile ! Que de mal, partout sur terre, as-tu causé ! Déjà, à lire la vie de Christophe Colomb, j'étais interloqué. Débarquant dans le Nouveau Monde, l'amiral ne cessait d'aller de surprise en surprise, botaniques, minérales, humaines, et pourtant, il ne se préoccupait que d'or. Tout ça pour ça ! Toutes ces connaissances accumulées, toutes ces souffrances endurées, un océan traversé pour quelques miettes jaunâtres !

J'avais hâte de revenir à mon sujet : le peuple inépuisable des insectes.

Les deux entomologistes que nous accompagnons se mettent au travail. Romain, le chef, un costaud que l'on aurait mieux imaginé rugbyman que passionné d'insectes. Et son adjointe, Amandine, aussi menue que déterminée, comme la suite de cette histoire va le prouver.

Juste en face de l'Office du tourisme, une maison semble nous tendre les bras. Nous nous aventurons dans le jardin sans beaucoup d'espoir. On nous a présenté l'endroit comme « annexe du lycée ». En pleine épidémie de Zika, alors que la presse se déchaîne et que les campagnes de prévention se multiplient, un tel site, lié à l'Éducation nationale, ne peut qu'être bien entretenu. L'exploration va ravir nos savants. En même temps que les désespérer.

En 2011, ils étaient déjà venus à Maripassoula pour y recueillir des larves. Cinq ans plus tard, la population avait-elle progressé dans la lutte contre les moustiques ?

Ce ne sont pas des gîtes que nous allons trouver, mais des élevages, des réservoirs, des cités entières de larves…

Une écuelle dans le poulailler.

Un arrosoir en bordure du mini-potager.

Un seau en plastique à moitié cassé.

Non loin d'une ruche abandonnée, de l'eau croupie accumulée sur la partie supérieure d'un jerrycan d'essence.

Une canette de bière Parbo, encore à demi pleine.

Autant de nurseries idéales dans lesquelles les œufs peuvent tranquillement se muer en larves et les larves tout aussi tranquillement devenir nymphes, avant que ne surgissent, en à peine plus d'une semaine, de nouveaux moustiques.

Accablés par ces premiers constats, les entomologistes décident de poursuivre leur chasse vers les moustiques adultes. Nous remontons l'avenue principale. Juste en face d'une bijouterie-joaillerie. « Cédez à la tentation de l'or pas cher », une très jolie jeune fille noire prend le frais, assise sous sa véranda. Je lui donnerais dix-huit ans tout au plus. Je ne recommande pas le coiffeur qui l'a affublée d'une mèche trop blonde. En tout cas, on la remarque. C'est sans doute le but recherché. En attendant, la demoiselle fume et chuchote à son portable.

Amandine s'approche.

« Que portez-vous de si gros sur le dos ? demande Mèche blonde.

– Un aspirateur, lui répond Amandine. Et nous vous proposons de vous débarrasser de vos moustiques. »

Mèche blonde n'hésite pas une seconde :

« Vous tombez bien, je déteste faire le ménage ! »

Lors de notre visite à la mairie, on m'avait décrit les préférences du moustique-tigre. En suivant les gestes d'Amandine, je vais comprendre à quel point il aime vivre dans l'intimité de l'homme : la cuisine avec tous ses recoins et toutes ses odeurs ; le salon à proximité immédiate du poste de télévision et de la chaîne hi-fi (quel délice, ces effluves de plastique ! quel confort, cette chaleur permanente des appareils en veille !) ; la chambre à coucher (ah, la tiédeur des draps ! ah, les belles cachettes possibles entre l'oreiller et sa taie, dans les plis des couvertures !) ; bien sûr, la salle de bains, toujours humide ; et les placards (où se reposer, après un bon repas de sang, plus confortablement que blotti dans l'ineffable douceur d'une petite culotte ou dans les replis d'une robe, surtout si des traces de sueur y demeurent ?).

Après une bonne demi-heure de travail, Amandine se relève : elle a fini sa récolte. Mèche blonde est ravie.

« Vous voyez, j'en étais sûre ! Il n'y a pas de moustique chez moi. »

Amandine sourit à peine. Elle dévisse le petit pot grillagé qui poursuit le tuyau de son aspirateur géant.

« Regardez ! »

Une cinquantaine d'individus s'agitent dans la boîte. À première vue, une majorité de *Culex*, dont deux ont le ventre gonflé de sang. Mais il se pourrait bien que oui, dans le fond, ce soient deux tigres, les redoutables, ceux que l'on cherchait. Mèche blonde n'en croit pas ses yeux. Amandine savoure.

La leçon du fleuve

Surprise : le passage vers le Surinam, juste de l'autre côté du fleuve, est... gratuit. Une surprise qui ne va pas durer. Les pirogues sont financées par les Chinois, lesquels possèdent les commerces, dont les principaux clients sont... les habitants de Maripassoula.

À première vue, le fleuve Maroni sépare :

– d'un côté la France, mère des arts, de la loi et du RSA ;

– de l'autre, le Surinam, far west de la forêt, jugé il y a peu infréquentable, car un peu trop impliqué dans le trafic de drogue... Mais si on veut rendre la vie vivable, il faut bien finir par s'entendre avec ses voisins.

D'un côté, une rive élégamment plantée de pelouse, mais vide de toute activité : pourquoi se fatiguer à travailler quand l'argent public vous arrive à la Poste au cinquième jour ouvrable de chaque mois ?

De l'autre, un rideau dense de commerces, à commencer par celui du sexe : le repos de l'orpailleur peut être facturé plus cher que celui du soldat.

Et, pour donner l'illusion d'une vraie frontière, une longue file de barges surinamaises aspirant jour et nuit le fond du fleuve pour en retirer, parfois, les grains miraculeux. Elles se gardent bien de pénétrer dans nos eaux territoriales : nos militaires interviendraient illico. Mais la terrible poussière qu'elles dégagent s'étend jusqu'à l'autre rive, la française. Les pollutions respectent rarement les limites administratives.

En fait, aux yeux des populations qu'il longe, le Maroni unit plus qu'il ne sépare. À chacun, il fait l'inestimable cadeau de l'eau, en même temps qu'il offre une route incomparable. Et une route n'est pas un mur, on l'emprunte ou on la traverse. Surtout lorsque, depuis la nuit des temps, bien avant l'idiote invention des frontières, votre famille s'est répartie entre les deux rives.

Dans la vraie vie, les frontières n'existent pas. C'est la vérité que cherchent à nous inculquer tous les fleuves, et notamment le Maroni.

Un paradis (presque) sans moustiques

À moins de deux heures de Cayenne, le marais de Kaw est, par son importance, la troisième réserve naturelle de France : quatre-vingt quatorze mille sept cents hectares. Il s'agit d'une savane, mais « flottante ». On n'y circule qu'en pirogue. Et, malgré les étendues vertes, impossible de savoir où passent les frontières entre le solide et le liquide, entre le ferme et le mouvant, entre le végétal et l'animal. Pourtant, d'innombrables oiseaux nous survolent. Ils doivent vouloir nous renseigner. Mais personne dans notre équipage ne connaît la langue des hérons coïcoï, ni celle des ibis rouges, pas plus que celle des coqs de roche ou des harpies, qu'elles soient féroces ou huppées. Seuls les zébus semblent s'accommoder de cette incertitude. Ils passent sans effort apparent d'un mode de locomotion à l'autre. En saison sèche, ils marchent. Quand l'eau monte, ils passent à la nage. On voit leurs cornes glisser dans les hautes herbes. Il paraît que les vaches n'ont pas cette capacité. On me dit qu'elles contrôlent mal leurs sphincters. De tels parcours amphibies leur sont interdits. Sous peine d'être, par le séant, envahies par l'eau. Et de couler.

Je serais vous, je ne tenterais pas une petite baignade. D'abord vous pourriez croiser un gymnote et recevoir de cette sorte d'anguille une désagréable décharge électrique. À moins d'être mordu par un serpent (ils sont légion). Mais de moustiques, point. Ou presque pas. Cette absence est un cadeau de l'eau. Sa couleur, très noire, vient de toute cette végétation qui, dans les fonds, se décompose. Une acidité s'ensuit, que ne supportent pas les larves.

Au XVIIIe siècle, des familles sont venues d'Europe. Elles se sont installées en bordure du marais, sur les pentes des collines. Elles ont tenté de cultiver du riz. Et c'est vrai que, dans ce paysage, arrondi, très doux pour l'œil, on se croirait quelque part en Asie. Les familles sont reparties. De leur passage ne sont restés que des bambous.

Jean-Louis Antoine a pris leur place, longtemps après. Rien ne le prédisposait à se retrouver dans un tel marais. Jeune, il préférait la mer. Et la musique. Herbert von Karajan, le chef d'orchestre, lui avait appris l'une et l'autre : il l'avait choisi comme matelot pour son beau bateau accosté à… Saint-Tropez. Qu'elles sont loin, la Côte d'Azur et la terrasse de Sénéquier ! Les hasards et les déchirures de la vie ont poussé Jean-Louis jusqu'à la Guyane. Peut-être qu'un tel univers où rien n'est fixe, où l'humidité est telle qu'on ne sait jamais s'il s'est arrêté de pleuvoir, où la lumière change de seconde en seconde, tantôt jaune vif, puis verte et soudain grise, où les formes se suivent et s'enchaînent, peut-être qu'une telle mouvance ressemble, pour lui, à la musique ? Jean-Louis y a ouvert un lodge, flottant bien sûr, dix chambres, plutôt dix cabanes de bois. Certains des gestionnaires de la réserve le menacent régulièrement de fermeture. Ils sont de ceux qui ne supportent pas la présence humaine, même respectueuse, même émerveillée.

La nuit venue, des dizaines de petits points rouges surgissent un peu partout. Ce sont des yeux de caïmans. Il en est de quatre espèces : le rouge, le gris, le noir et celui qu'on dit « à lunettes ». Entendez-vous au loin le vacarme des singes hurleurs ?

III

CAMBODGE

L'espèce la plus meurtrière ?

C'était un lycée, le lycée Tuol Svay Prey, l'un des principaux lycées de Phnom Penh.

Un lycée semblable à tous les autres lycées du monde, avec des salles de classe pour apprendre.

Un lycée plus charmant que la plupart des autres lycées du monde, avec des arbres pour bavarder à l'ombre entre les cours, avec de vastes terrains pour pratiquer le sport.

Un lycée au cœur de la ville, un lycée cœur de la vie.

À peine arrivés, le 17 avril 1975, les Khmers rouges chassent tous les élèves. À quoi sert un lycée puisque le savoir ne sert à rien ? répètent les nouveaux maîtres. Le seul véritable baccalauréat, on ne peut l'obtenir qu'en travaillant dans les champs. Et dans une capitale vidée de tous ses habitants, puisque la ville est le lieu du mal, puisque les seules valeurs qui vaillent sont celles de la campagne, le lycée devient la prison de haute sécurité 21. Sous la direction du très méticuleux Douch, douze mille trois cent quatre-vingts hommes, femmes et enfants, tous présentés comme des « ennemis de la Révolution », y seront détenus et jour après jour torturés. Puis, leurs « confessions » rédigées et soigneusement classées, ils seront tout aussi soigneusement photographiés avant d'être entassés dans des camions et conduits au sud de Phnom Penh, dans le « Killing Field » de Choeung Ek. Pour les exécuter, toutes les méthodes les plus horribles seront employées, par exemple fracasser les crânes dans le but d'« économiser » les balles, qui sont la « richesse du peuple ».

Douze mille trois cent quatre-vingts.

Sans doute un chiffre inférieur à « la réalité ». Si ce mot-là convient.

En 1979, lorsqu'elles viendront arrêter le cauchemar, les troupes vietnamiennes ne trouveront dans le lycée que sept survivants.

Et lorsqu'on tenta de dresser un bilan de cette « révolution », le résultat d'un million sept cent mille morts put être avancé. Un Cambodgien sur trois.

Quarante ans plus tard, c'est-à-dire aujourd'hui, la secte islamiste Boko Aram ravage le nord du Nigeria et du Cameroun, ainsi que les abords du lac Tchad. Sa logique de mort ressemble trait pour trait à celle des Khmers : revenir à l' « ancien temps », en l'occurrence celui du Prophète, éradiquer toutes les connaissances accumulées depuis et qui ont perverti les âmes, torturer et tuer pour éliminer les ennemis de la foi et terroriser les autres, offrir les femmes aux combattants…

En 1994, huit cent mille Tutsis furent exterminés au Rwanda.

Auparavant, des êtres de notre espèce, par ailleurs souvent cultivés, amateurs de Schubert et lecteurs de Goethe, avaient organisé la Shoah. Six millions de morts.

Avec toujours le même objectif : purifier.

Comment expliquer que régulièrement, ici, puis là, et plus tard ailleurs, une folie meurtrière s'empare de notre espèce et la pousse à sortir de son humanité ?

Quelle est cette maladie qui transforme un certain M. Kaing Guek Eav, honorable professeur de mathématiques, en Douch-le-bourreau ?

À la fin de sa vie, sentant monter les tensions qui conduiraient à la Grande Guerre, Pasteur répétait qu'il avait pu guérir la rage qui vient des chiens, pas celle tapie dans le cœur des humains.

Rappelons-nous les statistiques : l'homme est, juste après le moustique, l'animal le plus meurtrier pour l'homme.

Les requins tuent dix personnes chaque année. Les loups, dix aussi ; les lions, cent, comme les éléphants ; cinq cents pour les hippopotames ; mille pour les crocodiles ; deux mille pour les ténias ; dix mille pour les escargots d'eau, les punaises, les mouches tsé-tsé ; vingt-cinq mille pour les chiens ; cinquante mille pour les serpents…

Mais, bravo les moustiques ! Sept cent cinquante mille morts humaines à votre tableau de chasse ! Nous, humains, méritons aussi quelques applaudissements : quatre cent soixante-quinze mille personnes tuées par la main de l'homme chaque année.

Au pays du sourire, des mordus par milliers

Lundi huit heures du matin, 5 boulevard Preah Monivong, siège de l'Institut Pasteur.

Quelle est cette foule qui attend sur des bancs, juste après la grille ? On dirait une rentrée des classes, tant les enfants sont nombreux ; les uns rient, jouent et se battent, comme tous les enfants. Les autres restent blottis dans les bras de leurs parents. La plupart portent des pansements sur une jambe, sur un bras, parfois sur une joue. Pour quel motif sont-ils venus, certains de loin ? Les mines sont fatiguées, les vêtements poussiéreux. De quelle maladie peuvent-ils souffrir ? Et, parmi leurs bagages, quels sont ces sacs plastique déposés à l'écart ? Ils doivent contenir quelque chose d'important, car les familles ne les quittent pas des yeux. De temps en temps, un numéro s'allume sur un écran. Une famille se lève. L'homme, sûrement le père, va chercher le sac plastique, celui qui ne ressemble pas aux autres. Il le tient le plus loin possible de lui. Le sac doit contenir quelque chose de dégoûtant. La famille est accueillie par une infirmière. L'infirmière sourit. Personne dans la famille ne sourit. Et pourtant nous sommes au Cambodge, patrie du sourire.

Didier Fontenille, le directeur de l'institut, a suivi mes regards.

« Eh oui ! Personne n'y croit, mais nous en recevons vingt-deux mille chaque année.

– Qui sont ces gens ?

– Des mordus.

– La rage ? Mais depuis Pasteur et son premier petit patient Joseph Meister, depuis juillet 1885, je la croyais vaincue ! »

Retour brutal aux temps les plus anciens.

« Et, pardon, mais ces sacs qu'ils manient avec tant de précautions... ?

– Oh, ce sont les têtes des chiens qui les ont attaqués. Ça nous aide pour le diagnostic. Mais il faut d'abord attraper l'animal. Et si le voyage dure longtemps... vous imaginez les mouches. Et l'odeur ! »

Didier continue : « Huit cents morts, chaque année ! Huit cents qui n'auraient pas dû mourir... Et si vous saviez ce que signifie mourir de la rage...

– Parmi tous les souhaits, je n'ai pas celui-là.

– Allez sur YouTube. C'est sans doute la mort parmi toutes la plus horrible, on étouffe, on vomit, l'angoisse vous déchire... »

J'étais venu en Asie du Sud-Est pour les moustiques et c'étaient les chiens qui m'accueillaient.

Le Cambodge aime les chiens.

Dans peu de pays au monde vivent plus de chiens qu'au Cambodge. Impossible de les compter. Ils pullulent dans les villes aussi bien que dans les campagnes. Chaque cabane, dans les endroits les plus reculés, est protégée par deux chiens, chacun d'une couleur : l'un est clair, blanc ou beige, pour aboyer le jour ; l'autre sombre, pour la nuit.

Autre manifestation, moins affectueuse, de la passion cambodgienne pour les chiens : ils les élèvent en grand nombre pour... les vendre aux Vietnamiens. Lesquels... les consomment avec beaucoup de plaisir. Ça les change de leurs habituels canards ou poulets. Si vous interrogez les Vietnamiens, ils vous diront que ce sont d'abord les Cambodgiens qui mangent les chiens.

Quelles que soient les raisons, la démographie canine explose. Et les départements ministériels se renvoient la patate chaude de la responsabilité. L'Agriculture dit qu'elle n'est pas concernée : les chiens ne sont pas une espèce d'élevage. L'Environnement lui aussi se défausse : les chiens, que je sache, ne sont pas des espèces à protéger.

Conclusion : personne ne s'occupe des chiens.

Lesquels entretiennent généralement avec notre espèce les meilleures relations, mais ils ont comme nous leurs humeurs. Il arrive que, entre deux lécheries, ils mordent. Si le chien qui mord porte le virus de la rage, celui qui est mordu, l'homme, souvent un enfant, attrape la maladie et meurt. Ces morts sont terrifiantes, je vous l'ai dit, mais plus encore scandaleuses. Rien ne serait plus simple que les empêcher. Vacciner. D'abord vacciner les chiens. Et vacciner les mordus potentiels : les humains. Car, même une fois mordu, on peut être soigné. Oui, avant de se déchaîner, le virus de la rage a la délicatesse de nous offrir un sursis : il prend son temps pour gagner le cerveau. Tant qu'il reste dans son premier séjour, les muscles, on peut stimuler les défenses de l'organisme et le chasser. Il suffit de quatre injections réparties sur un mois, à commencer quelques heures après la morsure.

« Mais un mois, c'est long et c'est cher pour des villageois qui doivent se déplacer pour recevoir des soins !

– Vous avez raison. Et même deux fois raison ! Nous travaillons à réduire le nombre des injections à trois, au lieu de quatre. Mais, surtout, il faudrait installer des centres de vaccination en région. Le Cambodge ne vaccine chaque année que trente mille personnes. Ici, dans notre seul institut de Phnom Penh, nous en vaccinons vingt-deux mille ! »

Dès le lendemain, j'allais retrouver ma cible principale, les moustiques, sur l'un de leurs terrains de jeu favoris : le delta du Mékong.

À l'école de la dengue

Après deux heures de route, ou plutôt d'embouteillages, les dernières banlieues nord de Phnom Penh ont fini par laisser la place à la campagne.

À perte de vue s'étend une plaine immense, désespérément plate et soigneusement quadrillée. Nulle culture, sans doute, n'astreint plus au travail que celle du riz. Même si, pour l'heure, les champs sont vides, impossible de ne pas imaginer les générations qui se sont succédé ici pour aplanir, endiguer, creuser. Fin juillet, dans deux mois, les pluies arriveront, le Mékong quittera son lit. Le delta ne sera plus qu'une immense plaine d'eau, un miroir traversé par les tiges vertes du riz. Pour le moment, la terre est sèche et brûlée par le soleil.

Depuis dix ans que je parcours la planète, le spectacle de ces deltas me serre à chaque fois le cœur.

Nés des sédiments apportés par les fleuves, ce sont les greniers du monde, les meilleurs terroirs qui soient.

Mais, partout, en Louisiane comme en Camargue, à l'embouchure du fleuve Rouge comme au Bangladesh, ils sont menacés.

Trois fois menacés.

Une première fois, par les barrages qui diminuent les débits de ces fleuves qu'ils entravent. Chacun sait que la température moyenne du globe s'élève. Conséquence : les océans enflent. Conséquence de la conséquence : leurs eaux salées montent et envahissent d'autant plus facilement les deltas qu'elles ne rencontrent, pour leur faire obstacle, que des fleuves de plus en plus maigrelets.

Les deltas sont menacés une deuxième fois par ces mêmes barrages. Un barrage ne retient pas seulement de l'eau mais des sédiments, ceux-là mêmes qui constituent les deltas. Les barrages ont beau, de temps à autre, ouvrir leurs vannes, ces « chasses », violentes et ponctuelles, ne remplacent pas les lentes accumulations naturelles.

La troisième menace est celle des voleurs de sable. On pille le fond des fleuves. Pour construire des villes. Les villes du pays ou les villes d'ailleurs, moyennant de solides rémunérations. Il se murmure qu'une bonne part du sable du Mékong irait agrandir l'île de Singapour et que ce commerce enrichirait (encore) la famille du Premier ministre cambodgien.

Çà et là, comme pour donner à l'œil quelques repères verticaux, un bouquet de deux, trois palmiers monte vers le ciel. Il paraît qu'on en tire du sucre. Il suffit d'en écraser doucement les fleurs. Le Cambodge en a fait l'un de ses symboles. On dirait que les palmiers répondent aux petites pagodes, elles aussi saupoudrées au milieu de ce désert provisoire.

Le sucre et le nirvâna, que peut espérer d'autre l'espèce humaine ?

Pour ce qui nous concerne, nous sommes perdus. Notre GPS ne sait plus où donner de la tête. Google ne sait pas encore s'y prendre avec les deltas : trop uniformes, trop répétitifs, trop partout semblables. Sans cesser de sourire, notre chauffeur s'énerve. Il s'obstine. Il fait confiance à la modernité. Enfin, à sa grande honte, nous demandons notre route à un villageois. Il tend le bras. Et cinq minutes après, voici le village de Tong Rong. Les « datas » ne remplacent pas toujours un bon vieux « renseignement ».

L'école ferait envie à n'importe quelle famille : vaste terrain planté d'arbres, sept cents élèves, autant de filles que de garçons, mêmes uniformes impeccables, chemises blanches, pantalons ou jupettes noirs, deux grands bâtiments se faisant face, l'un pour les grands, l'autre pour les plus petits... Et, flottant dans l'air, les ritournelles traditionnelles, chants des tables de multiplication, paragraphes lus en chœur...

Hélas, ces îles du bonheur sont aussi des points chauds, de véritables « *hot spots* », pour la dengue.

Forte fièvre, fatigue extrême... la dengue est une maladie décrite depuis la fin du XVIIIe siècle, lorsque des épidémies sont signalées au Caire, à Djakarta, à Philadelphie. Mais aucune ne présente un caractère particulier de gravité. Quand les symptômes apparaissent, on se couche, on se repose et on attend la guérison, qui ne tarde pas. D'autres menaces plus sérieuses occupent les épidémiologistes.

En 1954, des pédiatres philippins tombent sur une autre dengue, beaucoup plus redoutable que la précédente, car elle s'accompagne d'hémorragies. Au même moment, des cas semblables sont repérés en Thaïlande. Très vite, la dengue hémorragique s'étend à toute l'Asie et devient, dans plusieurs pays, la première cause de décès des enfants. Selon la « loi » de notre ami Fontenille, une maladie ne survient que si elle a franchi un double filtre. Le filtre de la *rencontre* et le filtre de la *compatibilité*.

Quel plus riche centre de *rencontres* qu'une école ? Les élèves y sont réunis en grand nombre, à des heures où, justement, les *Aedes* sont actifs. Or il se trouve, hélas, que cette espèce de moustiques est *compatible*, c'est-à-dire qu'elle porte volontiers le virus de la dengue. On dirait que les rythmes scolaires ont été décidés par les *Aedes* : « Auriez-vous l'obligeance de bien vouloir rassembler la jeunesse le matin, vers huit, neuf heures ? C'est, dans la journée, le premier moment où j'aime piquer. Et surtout, ne les renvoyez pas avant seize, dix-sept heures, lorsque j'adore m'offrir un goûter. »

Voilà pourquoi les autorités ont décidé de lancer une campagne : des écoles sans un seul moustique ! Avec l'intention de détruire, dans et hors les bâtiments, tous les gîtes potentiels.

Passage de classe en classe. Le maire du village nous présente comme *les ennemis* des moustiques. Éclats de rire ! Applaudissements ! À mort les moustiques ! Le maire profite de notre visite pour moraliser : n'oubliez pas le travail ! Pardon monsieur, mais les moustiques, ils piquent moins les bons élèves ? Oui ! Car un bon élève aide à vider les mares où grandissent les larves ! Car un bon élève n'oublie jamais de bien fermer sa moustiquaire. Car un bon élève sait qu'il doit rester en bonne santé pour participer au développement du Cambodge. Les moustiques ne piquent que les pays pauvres ! Sortons au plus vite de la pauvreté !

Je regarde Didier Fontenille. Sa rigueur scientifique ne doit pas apprécier ces raccourcis du maire, également responsable du KPK, Kanapkak Pracheachon Kampuchéa, autrement dit Parti populaire cambodgien.

Mais la bonne humeur des élèves transforme sa grimace en sourire. Merci, les moustiques ! Grâce à eux, nous allons tous devenir bons élèves.

De nouveau, l'immense étendue vide et sèche du delta. De nouveau, petit malaise du GPS. Au bout d'un long moment, même recours au contact humain, puisque la modernité rend les armes. Une très vieille cycliste, plutôt que nous expliquer, préfère nous ouvrir la route. Sans cette vaillante pédaleuse, peut-être serions-nous toujours à tourner et retourner dans ce labyrinthe de levées et de digues ? Et nous n'aurions jamais visité, dans le centre de santé voisin, cet élevage de... poissons.

Les salles de soins régionales ne présentant pas pour moi d'intérêt particulier, sauf à remarquer leur extrême propreté, le responsable m'entraîne très vite vers une série de jarres.

« À Paris, vous avez un aquarium ? »

Confus, je réponds par la négative.

« Dommage, vous connaîtriez les guppys. »

Il retire un couvercle grillagé et je vois s'agiter dans l'eau verdâtre une foule de petites bêtes multicolores.

« Les villageois sont invités à venir ici se servir : GRATUIT, LIVRAISON. En effet, ces minuscules poissons (moins de deux centimètres) ont deux qualités. D'abord ils se reproduisent à belle vitesse : sitôt implantés dans un point d'eau, ils se multiplient ; et, en dehors de leur beauté et du spectacle réjouissant de leur sexualité incessante, ils n'aiment rien tant que se gaver de... larves de moustiques. Installés dans une mare ou dans n'importe quel réservoir d'eau, les guppys ont tôt fait de les purifier. »

Le responsable est ravi de me l'apprendre.

« Bien sûr, l'appui fraternel de ces prédateurs ne suffira pas à nous débarrasser des *Aedes*. Mais ils participeront à la lutte. Contre les moustiques, toutes les armes doivent être employées. Au moindre relâchement, ils reviennent. »

Je me risque à demander si ces miraculeux guppys n'ont pas d'ennemis.

Le responsable lève les bras au ciel.

« Pauvres poissons ! Vous n'imaginez pas la voracité des lézards geckos. Il suffit que l'un d'eux réussisse à se glisser sur le bord d'une de ces jarres et alors... il faut voir agir sa très longue et très souple langue ! »

*

* *

D'après l'Organisation mondiale de la santé, cinquante millions de cas de dengue sont recensés chaque année, dont cinq cent mille « hémorragiques », entraînant une mortalité supérieure à vingt pour cent.

La dengue est d'autant plus redoutable qu'elle se présente sous quatre formes. Si vous êtes atteint par une de ces formes, rien ne vous protège des trois autres. Pis, la deuxième attaque de dengue est généralement plus violente que la première...

Pour venir étudier, à Phnom Penh, cette rareté parmi les maladies, Tineke Cantaert, une jeune et brillante chercheuse belge, a dédaigné les postes bien plus rémunérateurs qu'on lui offrait après son PhD à Yale.

Comment expliquer ce dérèglement de la réponse immunitaire chez les malades atteints de la dengue ? D'ordinaire, et c'est le principe même de la vaccination, l'organisme apprend à se défendre, et lorsqu'une seconde agression survient, il sait mobiliser les armes pour lutter. L'explication ne peut se trouver que dans le dérèglement des cellules B, celles qui produisent des anticorps. Un mécanisme, encore à découvrir, doit inhiber cette production chez les personnes atteintes de la dengue.

Pour avancer dans l'élucidation de ce mystère, Tineke travaille avec ses collègues épidémiologistes de l'Institut Pasteur. Car la dengue présente cette autre originalité : dans la plupart des cas, les personnes sont infectées sans qu'aucun symptôme ne se manifeste. Il faut donc que, chez ces personnes, les défenses immunitaires jouent pleinement leur rôle.

Sitôt qu'un cas sévère est déclaré les agents de Pasteur se rendent dans la famille du malade et prennent le sang de toutes celles et tous ceux qui l'acceptent. Ainsi se constitue peu à peu une véritable banque de données qui va permettre de comparer les réactions diverses d'organismes atteints par la même maladie.

On comprend le choix de Tineke. L'étude de la dengue lui permettra-t-elle de découvrir de nouvelles logiques de l'immunologie ? Rendez-vous dans dix ans, dans vingt ans, avec un prix Nobel ?

Si elle reçoit cette récompense, elle n'aura garde d'oublier ses collègues. Sans leur apport, jamais elle n'aurait pu élucider le mystère. Épidémiologistes, virologues, immunologistes sont trois armées qu'on doit mobiliser *ensemble* pour avoir une chance de remporter le combat.

Autre question posée par la dengue, celle de la santé publique.

Décidément, cette maladie oblige à réfléchir.

Le seul vaccin actuellement disponible (Sanofi Pasteur) n'est pas adapté aux enfants âgés de moins de neuf ans.

Pourquoi tant de retard alors que la majorité des cas, et les plus graves, se déclarent à partir de quatre ans ?

Gloire au porc !

Ce matin, direction le sud.

Pour rencontrer des porcs et des chauves-souris. Vous voyez que notre passion pour les moustiques s'autorise quelques digressions.

Après avoir quitté Phnom Penh, ses palais, ses pagodes, ses portraits du roi et ses embarras, voici le Cambodge rural en pleine activité : des enfants tout de blanc vêtus, car, aujourd'hui, c'est leur fête annuelle ; des canards qui traversent, en prenant leur temps, une chaussée défoncée ; un ballet de bulldozers pour tenter d'améliorer les routes, car les élections approchent ; des chars à bœufs qui n'ont pas du tout l'intention de forcer l'allure, et tant pis pour la Land Rover qui s'époumone à klaxonner ; des mobylettes qui disparaissent sous une montagne de bananes, d'autres mobylettes qui disparaissent sous une montagne de bidons en plastique, encore d'autres mobylettes qui disparaissent sous une montagne de matelas, peut-être le destin asiatique des mobylettes est-il de disparaître, avalées par leur charge ? La vie quotidienne des vélos n'est guère plus enviable, enfoncés dans la boue jusqu'au moyeu. Heureusement qu'aujourd'hui tout le monde se marie ! Au minimum un mariage par village ! Et si les mariages ont leur charme, il faut admettre qu'ils ne facilitent pas la circulation déjà difficile. Car un mariage au Cambodge, c'est d'abord une grande tente beige et rouge qui s'avance jusqu'au milieu de la chaussée. Autre inconvénient : c'est aussi un haut-parleur qui hurle, sans doute des conseils aux époux, je me garderai bien d'y ajouter les miens…

D'autant qu'il me faut tendre l'oreille. Mon professeur du jour s'appelle Julien Cappelle, il est vétérinaire, et responsable d'un projet qui, rien qu'à lire l'énoncé, fait frissoner : Agirs, c'est-à-dire Animal et gestion intégrée des risques.

Je commence à comprendre pourquoi, au lieu d'aller me cultiver à Angkor comme toute personne douée de raison, je vais ce matin rencontrer des cochons.

Aurais-je connu son nom, admirable mélange d'exotisme et de précision anatomique, qu'en fervent hypocondriaque je me serais sûrement inventé une… encéphalite japonaise. Celle-ci doit son appellation au lieu de sa première apparition, l'empire du Soleil-Levant, vers 1930, avant de réapparaître après la Seconde Guerre mondiale, et toujours dans le même archipel, pour une très violente épidémie.

La plupart du temps, cette maladie est bénigne. Seules des formes sévères sont à craindre. Elles touchent d'abord les enfants, avec une inflammation gravissime de l'encéphale, qui peut entraîner la mort. D'où la préoccupation des autorités sanitaires et leur soulagement quand un vaccin fut trouvé.

Le parcours de l'infection ne pourra qu'intéresser les amateurs de voyages et de rencontres dangereuses.

Au départ, le virus de cette encéphalite est assez semblable à celui de la dengue et de la fièvre jaune.

Il semblerait qu'il se soit choisi comme première demeure les oiseaux sauvages qui vivent aux abords des rizières. Dans ces étendues d'eau prolifèrent les moustiques du genre *Culex*. Toujours à la recherche de protéines pour assurer le développement de ses œufs, Mme *Culex* va donc piquer l'oiseau. Ce faisant, elle ingère le virus. Mais son repas de sang n'est pas fini. Il lui faut trouver un animal moins décharné. Quoi de plus dodu qu'un cochon ? La *Culex* pique à nouveau. Le parasite se retrouve chez un hôte autrement plus intéressant qu'un oiseau !

Mon professeur d'encéphalite doit s'interrompre, car est arrivé le moment de traverser la rivière que nous longeons depuis ce matin. Le Tonlé Bassac, parallèle au Mékong, est aussi un fleuve puisqu'il se jette dans la mer. Le bac ne me dit rien qui vaille. Les quatre vieilles planches dont il est fait supporteront-elles notre véhicule ? Décidément, un tel voyage n'est pas très indiqué pour les angoissés de ma sorte. Croit-il me rassurer, le directeur Didier, en m'affirmant qu'en cas de naufrage nous ne risquons rien ? Aucun cas de bilharziose n'a jamais été constaté dans les parages. Quoi qu'il en soit, quelqu'un nous a protégés de la noyade, les esprits ou le logo Institut Pasteur arboré sur la portière de notre 4×4 ? Dix minutes plus tard, nous arrivons chez les cochons qui ont accepté de prêter leur corps à la science (en échange d'une petite rémunération versée à leurs propriétaires).

Julien est accueilli comme un fils de la famille. Il s'excuserait presque de cette familiarité.

« Tu sais, je viens souvent. Et c'est là que je dors. »

Il montre une sorte de plateforme où sont entassés des outils agricoles.

« Et la moustiquaire ? »

Il me montre en souriant une étoffe boudinée dans un coin et qui semble très déchirée.

« Tu n'as pas peur ?

– J'essaie de dormir en dehors des heures où ils viennent piquer. »

Les villageois nous ont offert du Coca et des mangues. Ils n'arrêtent pas de nous sourire. Julien va bientôt quitter le Cambodge pour une autre mission.

« Je me souviendrai toujours de mon premier prélèvement...

– Quel prélèvement ?

– Mais le sang des cochons ! Quand je suis revenu à notre laboratoire, je n'ai pu m'empêcher de crier : jamais on n'avait constaté une telle concentration de virus ! On peut dire qu'il avait profité de son séjour chez le porc ! C'est ça, le bonheur, pour un chercheur : une hypothèse vérifiée, une idée qui devient visible. Le cochon n'était pas seulement le réservoir du virus de l'encéphalite, c'était une véritable usine à le multiplier, à amplifier sa force... »

Où avait disparu Didier ?

Julien ne s'est pas inquiété.

« Je le connais. Quelque chose me dit qu'il ne doit pas être loin de la mare. »

Quelle mare ?

Derrière le bâtiment des cochons, je ne voyais pas d'eau, mais la végétation avait changé. L'herbe laissait place à un tapis de feuilles très larges, sans doute des nénuphars. Didier se tenait là, accroupi. Devant lui, une boîte en plastique pleine d'un liquide brunâtre. Sa main droite tenait une pipette, sa gauche une bouteille vide. M'entendant approcher, il s'est retourné. Et j'ai vu de la joie pure, un visage illuminé comme celui d'un enfant, le 25 décembre au matin, devant un cadeau du père Noël. Il s'est saisi de la boîte au contenu brunâtre.

« Regarde ! »

Je commençais à pouvoir distinguer les larves des nymphes. Mon savoir s'arrêtait là. Didier s'est énervé.

« Mais tu vois bien qu'ils sont tous là !

– Qui donc ?

– Tous ! Toutes les espèces ! Je m'en doutais. Les *Culex*, ce qui n'est pas surprenant, mais aussi des *Aedes*. »

Je voulais bien le croire ! Je tâchais de rester digne, mais une nuée d'individus ailés et bruyants commençaient à nous cerner :

« Tu ne crois pas qu'on devrait un peu se protéger ? »

Même réponse que Julien.

« Mais enfin, arrête d'avoir tout le temps peur ! Ce n'est pas l'heure où ils piquent ! Et puis la saison des pluies n'a pas vraiment commencé !

– Et alors ? Qu'est-ce que je vois sur ton bras ?

– Tu as de la chance ! Jamais tu ne trouveras plus bel *albopictus*. Regarde ses pattes rayées blanc et noir ! Et son corps, pareil ! Moi je ne voulais pas qu'on l'appelle "tigre". C'était le condamner à se faire détester.

– On ne peut pas dire que les tigres nous veuillent du bien !

– Ils mènent leur vie, comme nous la nôtre. Ils ne veulent que se nourrir et se reproduire. C'est tout.

– Peut-être. Mais, en ce moment même, il te transmet l'encéphalite !

– Je fais confiance au vaccin. Erik, je peux me permettre un conseil ? Si tu refuses de changer de point de vue, tu ne comprendras jamais la nature ! »

Constatant mon air plutôt interloqué, Didier a bien voulu s'expliquer.

« Au lieu de rester qui tu es, imagine-toi moustique. Change de perspective ! »

J'ai promis d'essayer.

La conversation qui suivit entre Julien et Didier, je regretterai toujours de ne pas l'avoir enregistrée. C'était une ode touchante au cochon. Comparé à lui, l'homme était nul ! Incapable de développer suffisamment le virus qu'il héberge. La preuve de cette nullité ? Quand il pique un homme infecté, un moustique ne peut aspirer assez de virus pour infecter son « piqué » suivant. Oui, l'homme, pour l'encéphalite japonaise, est le type même de l'*impasse épidémiologique*. Si l'on ne pouvait compter que sur les hommes, les épidémies s'arrêteraient d'elles-mêmes.

J'ai osé remarquer que l'impuissance de notre espèce était quand même une bonne nouvelle…

Julien et Didier n'ont pas pris la peine de relever. Ils continuaient leur ode au cochon quand je me suis permis de rappeler que l'heure avançait et que nous allions manquer notre second rendez-vous.

De quel autre animal allais-je devoir maintenant prendre le « point de vue » ?

La responsabilité des pagodes

Dans toute l'Asie, les pagodes accueillent les animaux. Personne n'osera tuer une bête, grosse ou petite, malfaisante ou bénigne, sitôt qu'elle aura pénétré dans l'enceinte sacrée. C'est ainsi que les jardins qui entourent ces bâtiments violemment colorés sont de véritables arches de Noé ! Chacun vient y déposer le petit chat dont il ne veut plus, mais aussi le python apparu dans son arrière-cour, le varan qui fait peur aux enfants ou la tortue qui ne les intéresse plus. Et les espèces sauvages se sont également donné le mot : rendez-vous au lieu de culte, vous y échapperez aux chasseurs.

Une aubaine pour les chercheurs ! Ils n'ont pas besoin d'aller courir partout pour trouver des chauves-souris (souvent porteuses de terribles virus !). Au Cambodge, elles ont choisi douze pagodes, pas une de plus et nulle part ailleurs.

Julien les a toutes visitées. Il a choisi pour nous Wat Pi Cheî, dans le village de Sar Kor, cent kilomètres au sud de Phnom Penh.

« Préparez-vous ! Le spectacle peut effrayer. »

C'est donc un peu tendus que nous nous glissons dans un coin du jardin.

« Et surtout restez sur le chemin, ne vous approchez pas du bois ! Danger ! »

Il a sorti son portable. Il nous montre une photo de lui en quasi-cosmonaute :

« Je m'équipe avec soin, croyez-moi. Je ne tiens pas à attraper une saloperie. La technique est simple. Une fois sous leurs perchoirs, nous tendons une toile cirée… »

« Imbécilement, je lui demande ce qu'il attend.

« Eh bien… Vous n'avez pas deviné ? Les virus éventuels se retrouvent dans leurs déjections. Alors… quel beau métier que le nôtre ! Bac plus dix ou plus douze pour qu'un jour vous ayez l'honneur de vous faire pisser et chier dessus par des chauves-souris, si possible infectées. Certaines dépassent le mètre cinquante d'envergure. Mais celles que je vais vous présenter ne vont pas vous décevoir, déjà de beaux oiseaux, ou de jolis rats, comme vous voulez, des *Pteropus* : d'un bout de l'aile à l'autre, une bonne soixantaine de centimètres. N'ayez pas trop peur quand même, pas de vampires parmi elles, rien que des frugivores, aucune ne va vous sucer le sang.

– Et quelles sortes de virus portent-elles ?

– Oh, parmi les plus méchants, le SRAS, par exemple, ou de très désagréables coronavirus. Ce n'est pas une raison pour les détester. Elles mènent leur vie. Comme les moustiques. »

À surprendre la grimace de Didier, je vois bien qui a sa préférence parmi les animaux de la Création. Ces rongeurs ailés le dégoûteraient plutôt. »

Et soudain, les voilà, derrière un bâtiment annexe, les voilà par centaines, par milliers, tout en haut des longues tiges que sont les arbres de Bouddha.

On dirait d'abord des fanions sombres, flottant dans le vent. Et puis l'œil s'habitue, il les distingue mieux, il voit des pattes qui s'accrochent aux branches, il voit des têtes pointées vers le sol. Julien frappe plusieurs fois dans ses mains. Peine perdue. Les chauves-souris restent accrochées à leurs perchoirs. Deux ou trois seulement s'envolent, juste pour changer d'arbre.

« Il faudrait attendre le soir. Toute la journée, elles dorment. Soudain, elles décident de s'en aller, toutes ensemble. Et le ciel devient noir. Même moi, j'ai peur.

– On sait où elles vont ?

– À quelques-unes, nous avons réussi à passer un collier, équipé d'un GPS. L'une a parcouru vingt kilomètres pour rejoindre une autre communauté. Ce sont des animaux très sociaux. Et puis, elle est revenue. Quel message était elle allée transmettre ? Je ne suis pas dans leur cerveau et je ne parle pas leur langue, pas encore ! Mais ça ne va pas tarder, intimes comme nous sommes ! »

IV

SÉNÉGAL

Forêt de Kédougou

Sept heures. Le jour se lève sur l'aéroport Léopold-Sédar-Senghor. Pour un voyageur habitué des taxis-brousse et des bus déglingués, quel luxe plus improbable que celui d'être attendu par un bimoteur Cessna Grand Caravan ? Il va pointer plein est, vers le soleil. Deux heures trente de vol. À neuf mille pieds d'altitude, pas de meilleure leçon sur la géographie du Sénégal.

Une fois quitté la longue péninsule de Dakar, une ville immense bordée de mer grise sur chaque côté (3,4 millions d'habitants), c'est l'ocre de la plaine, interminable : la patrie de l'arachide. Çà et là, un rectangle ou un carré, de même couleur verte, prouve le souci – touchant mais plutôt désespéré – des autorités de préserver quelques zones boisées. La manière la moins inefficace de les sauver, c'est de les déclarer « sacrées » et, pourquoi pas ? de leur donner un roi, comme à Oussouye, en Casamance. De loin en loin, un village. Il faut s'en souvenir : hormis le littoral, où les populations s'entassent, l'Afrique est vide. De pauvres rivières serpentent, ou plutôt des souvenirs de rivières : nous ne sommes que mi-novembre, juste après la fin de la « saison des pluies ». Et déjà l'eau ne coule plus guère. À main droite, c'est-à-dire vers le sud, nous longeons une large ligne blanche : le fleuve Saloum. Sans se presser, il descend des collines vers lesquelles nous volons, le massif du Fouta Djalon, réservoir d'eau de l'Ouest africain. Source, notamment, du géant nonchalant, le Niger. Pour ce qui nous concerne, le copilote a sorti un tournevis : il répare on ne sait quoi dans le tableau de bord, on ne veut pas savoir.

Peu à peu, le vert l'emporte sur l'ocre et les lits des rivières se remplissent. La plus importante est le fleuve Gambie. Surgissent même des lacs, des étendues humides, des surfaces qui semblent marécageuses. Le berceau des eaux se rapproche. La forêt gagne et soudain l'emporte. Même si, çà et là, le sable résiste. Et toujours personne dans les clairières. Le sol se relève, commence à onduler. Des montagnes se profilent à l'horizon.

Voici Kédougou.

En langue maninkée, *ke* veut dire « hommes », et *dougou*, « terre ».

Kedougou signifie donc « la terre » ou « la maison des hommes ». Ne vaudrait-il pas mieux appeler cet endroit « terre des moustiques » ? Je proposerais Soussoudougou puisque les moustiques se disent *soussou*.

Vers le milieu des années 1960, une sévère épidémie de fièvre jaune avait frappé le Sénégal, dans la région de Diourbel. À cette tragique occasion, les autorités médicales s'étaient rendu compte qu'elles ignoraient les raisons de cette subite recrudescence. Avant de chercher des moyens pour s'en débarrasser, il devenait urgent de mieux connaître les moustiques porteurs du virus : quelles étaient les espèces en cause ? Pouvaient-elles porter un ou plusieurs virus ? À quelles heures piquaient-elles, plutôt le jour ou plutôt la nuit ? Quels habitats avaient leur préférence ? Comment se reproduisaient-elles ? Bref, qui étaient ceux qu'on appelait du terme générique de « moustiques » et comment vivaient-ils ? Pour répondre à ces questions difficiles, il fallait les examiner de plus près en laboratoire et donc en recueillir le maximum sur le terrain, en nombre et en diversité. Ainsi pourrait-on peut-être élucider certains mystères, par exemple celui du rythme d'apparition des épidémies : pourquoi revenaient-elles tous les six à huit ans pour le Zika, tous les cinq à sept ans pour la fièvre jaune et seulement tous les quatre ans pour la dengue ? Quels processus immunitaires étaient-ils impliqués ?

Pour lancer cette collecte géante, il fallait choisir un site.

Le docteur Mamadou Sarr, responsable de la santé dans toute la région, me félicite d'être venu :

« On m'a dit que vous vous intéressiez aux moustiques et aux maladies qu'ils transportent, bravo, monsieur l'académicien ! Nulle part ailleurs vous ne trouverez pire, je veux dire plus riche. »

Et de m'expliquer pourquoi :

« Ici la nature offre à vos petits amis tout ce qu'ils aiment : des forêts, de la pluie, de la chaleur. Et une provision illimitée de repas de sang. La population est importante et nomade, car elle va et vient sans cesse entre les trois pays, Sénégal, Guinée-Conakry et Mali, attirée par les chantiers miniers. Cette mobilité rend difficiles les contrôles sanitaires et les traitements. Tout portait à croire que nous trouverions là un réservoir inégalé de moustiques contaminés. Nous n'avons pas été déçus ! »

C'est ainsi que l'Orstom (Office de recherche scientifique et technique d'outre-mer, ancêtre de l'Institut de recherche et de développement) et l'Institut Pasteur installèrent une base en pleine forêt, à dix kilomètres de Kédougou, sur la route de Dakar. Pour cette raison, on appelle PK10 cet endroit devenu mythique. C'est là que sont collectés, depuis 1972, tous les moustiques possibles, en même temps que tout ce qu'ils transportent avec eux. Grâce à ceux que l'on nomme les « captureurs ». Hommage leur soit rendu ! Les pièges fonctionnant mal, on fait appel à des hommes et à des volontaires qui s'exposent à toutes les heures du jour et de la nuit, dans tous les lieux de la forêt.

Une fois le moustique posé sur son bras nu ou sur sa jambe, le courageux l'emprisonne prestement dans un tube. Parfois le geste n'est pas assez vif pour éviter la piqûre. Les « captureurs » sont donc vaccinés, et préventivement traités quand le vaccin n'existe pas, ce qui est le cas pour le paludisme. Avouons que ces précautions ne suffisent pas toujours...

Pour être sûr de ne laisser échapper aucun spécimen, les captureurs sont aussi placés dans neuf autres forêts alentour, dans dix champs et dans dix villages, aussi bien à l'intérieur des habitations qu'au-dehors.

Pour chaque capture, on indique la date, l'heure et le lieu. Le tube est ensuite plongé dans une bonbonne d'azote liquide à moins cent quatre-vingt-seize degrés et envoyé le plus vite possible à Dakar. L'Institut Pasteur s'est ainsi constitué, depuis cinquante-cinq ans, l'une des plus formidables collections au monde de vecteurs et de leurs passagers clandestins : parasites, bactéries et virus : pas moins de deux cents espèces. Virus d'aujourd'hui et virus de demain puisque nombre d'entre eux, comme on le sait, se réveillent un beau jour et se mettent à nuire. Il y a fort à parier qu'ils soient déjà répertoriés dans les archives pasteuriennes. C'est pourquoi les chercheurs qui travaillent à PK10 l'appellent la « Silicon Valley des virus ».

Pendant des heures, sous la conduite du professeur Mawlouth Diallo, nous nous sommes promenés sous la haute canopée de la forêt-galerie. Pour être franc, je n'étais pas du tout rassuré. Et, discrètement, je tirais mes manches le plus que je pouvais, jusqu'à couvrir les trois quarts de mes mains. Je n'oubliais pas les propos du docteur Sarr : je me trouvais dans l'un des endroits les plus infestés au monde. Pourquoi, mais pourquoi ne me contentais-je pas d'écrire des romans d'amour ou des biographies de poètes du Val-de-Loire, une région tempérée, exemptée, pour l'instant, de toute fièvre maligne ? Pourtant une autre part de moi s'émerveillait de l'infinie diversité que je découvrais. Chaque espèce a ses propres nurseries. Si les larves d'anophèles ont un penchant pour les mares, voire pour les eaux vives, celles des *Aedes* ont besoin de se sentir protégées. Elles n'acceptent de devenir adultes que dans des cosses de fruits ou des trous d'arbres. Mais que venait faire ici cette tourelle en ferraille, là, sous ce gigantesque fromager ? Elle devait bien atteindre les dix mètres de hauteur. Une plateforme pour les chasseurs ? J'avais entendu parler de lions qui s'évadaient du parc voisin du Niokolokoba…

« Désolé de vous décevoir. Ici nous ne visons pas aussi gros. Les moustiques, toujours les moustiques. Sachez que certains vivent au ras du sol, tandis que d'autres préfèrent l'altitude.

– Vous demandez aux captureurs de grimper sur cet échafaudage branlant ?

– Il le faut bien. Pour la science ! »

Le professeur Diallo continue sa leçon. Il est intarissable. Ses récits m'empêchent de trop penser aux parasites qui forcément sont en train de m'envahir. Depuis quelques minutes, il me semble être piqué de partout. J'aurais dû demander un tube. Puisque me voilà changé en appât humain, autant servir à enrichir la collection de Pasteur !

« Rappelez-vous, monsieur Erik, que la femelle moustique n'a que trois obsessions : trouver un repas de sang, se reposer pour digérer et choisir un endroit pour déposer ses œufs. Alors chaque espèce a ses stratégies pour survivre. Depuis toujours, les dames anophèles ne piquent que la nuit. Nous avons donc riposté en dormant sous des moustiquaires, si possible imprégnées de répulsifs. Qu'à cela ne tienne, les anophèles ont répliqué : “Changeons nos habitudes, attendons le matin, les petits déjeuners sanguins ont leur charme !” »

Au cœur de cette forêt fascinante et menaçante du PK10, me reprend l'envie de saluer haut et fort l'entomologie. Comment vaincre ceux qu'on ne connaît pas ? Les bras m'en tombent quand je sais que dans notre beau pays, la France, autoproclamé phare de la médecine, il n'existe qu'*un seul* cours d'entomologie médicale proposé aux étudiants, à l'Institut Pasteur, par Anna-Bella Failloux, et qu'elle doit se battre tous les ans pour ne pas se voir rogner ses trois misérables semaines d'enseignement !

*

* *

Le seul problème, avec les entomologistes, c'est de les arracher à leurs chères et diaboliques forêts, de les sortir du fameux « terrain » ! Le professeur Diallo serait bien resté jusqu'à la nuit, et sans doute le lendemain et les jours suivants. Il a fallu toute ma persuasion et ma rengaine du « drame sanitaire des orpailleurs », j'avais choisi ces termes avec soin, pour qu'il daigne enfin délaisser ses trous d'arbres et ses cosses de fruits.

Le Fouta Djalon n'est pas uniquement une réserve d'insectes, ni seulement le château d'eau de toute l'Afrique de l'Ouest. C'est un véritable coffre fort planté d'arbres.

Vers le kilomètre 26, quittez la nationale Dakar-Bamako et prenez la piste, direction Bantaco. Une condition : avoir le dos et le cœur bien solides. La résistance du premier sera mise à rude épreuve par les ravinements du chemin. Quant au second, il va se serrer devant le spectacle d'un gigantesque bidonville. Combien de simples huttes ou de méchantes baraques soudain surgies de nulle part, au beau milieu de la forêt ? Trois mille, cinq mille ? Combien d'êtres humains entassés là, hommes, femmes, enfants, dans de terribles conditions d'hygiène ? Trente mille, cinquante mille, davantage ? Avant 2008, d'après les dires d'un chasseur, on ne croisait dans les parages que des singes, des oiseaux et des varans. Et puis, un beau jour, un promeneur ayant quelque notion de géologie a ramassé un peu de terre sur une colline voisine. Il se penche, regarde sa paume et pousse un cri. Le lendemain, la rumeur court. Le surlendemain commence la ruée. De nouveau, l'or a lancé son néfaste sortilège.

Notre voiture à peine arrêtée, un homme s'approche et nous raconte, émerveillé, l'histoire d'untel ou untel « nouveau millionnaire ». Ce rêve est le moteur de tout. S'enrichir ! Pour s'arracher à l'esclavage quotidien de la survie. On sait bien que la chance d'y parvenir est infime. Mais, sans devenir riche soi-même, on profitera des miettes qu'il laissera tomber. C'est ainsi que le village s'est constitué. En quelques semaines il est devenu ville, avec une répartition des tâches bien précises. Les Sénégalais louent les terrains, les Guinéens creusent, les Maliens achètent la poudre jaune. Je demande : et la santé ? Haussement d'épaules. On s'en ira dès qu'on aura trouvé de l'or. De toute façon, on sera partis à la saison des pluies. Je demande pourquoi. On s'esclaffe. Il n'est pas très malin, ce Blanc. Quand il pleut, les trous se remplissent, et alors, comment tu veux creuser ?

Je les verrai, ces trous, à deux kilomètres du bidonville, des galeries, un mètre de diamètre, creusées au marteau-piqueur dans la latérite. De longues, très longues galeries, sans aucun soutènement. La bonne règle des orpailleurs est de ne jamais dépasser vingt mètres de profondeur. De nouveau, les chercheurs d'or s'esclaffent. Vous avez déjà vu un orpailleur respecter une règle ? C'est l'or, notre règle !

Plus tard, je visiterai le « centre de santé ». Trois baraques ouvertes sur une cour de terre battue. Une seule infirmière pour cinquante mille habitants, peut-être plus. Et une toute jeune matrone, apprentie sage-femme.

Je comprends mieux les propos du docteur Sarr : « Les régions de mines sont toujours les plus contaminées. » Depuis le temps que je travaille sur les matières premières, je connais leur malédiction.

V

OUGANDA

L'un des pays les plus touchés

L'Ouganda mérite bien mieux que sa double notoriété : l'une, grotesque et sanguinaire, avec Idi Amin Dada, l'un de ces dictateurs hauts en couleur et en cruauté dont l'Afrique a le secret ; et l'autre, héroïque et audacieuse, avec l'atterrissage en pleine nuit, tous feux éteints, d'un avion israélien venu libérer des compatriotes otages.

Venant de France, il suffit, après une courte escale à Bruxelles, de plonger vers le sud. Si vous avez la chance d'avoir du beau temps et un siège contre un hublot, vous ne vous lasserez pas de suivre, des heures et des heures durant, les méandres de ce bon vieux Nil. Jusqu'au lac Victoria, l'une de ses sources. Longue leçon de géographie, et flux d'histoire garanti.

Au triste palmarès du nombre de personnes touchées par le paludisme, l'Ouganda figure à la quatrième place, après l'Inde, le Nigeria et la si mal nommée « République démocratique » du Congo.

Mais si l'on considère l'importance respective des populations, l'Ouganda est le vainqueur incontesté du nombre d'habitants.

Et ces chiffres ne donnent qu'une information hélas incomplète de la situation. J'allais en prendre conscience en visitant, dès le premier matin, la Vector Control Division du ministère de la Santé (bloc numéro 15, Bombo Road).

C'est un petit village hétéroclite, au milieu de la ville de Kampala. Une construction quasi moderne (années 1960) veille sur des bâtiments coloniaux de plain-pied, eux-mêmes entourés de containers ouverts : quelle manière plus économique d'agrandir les locaux quand les finances vous manquent ?

Depuis que je tentais de m'initier au monde infini des arbovirus, je ne cessais d'entendre parler de lui comme d'une référence, une sommité : le docteur Narcis Kabatereine, professeur (notamment) à l'Imperial College de Londres. Un petit homme rieur, chemise grise à motifs botaniques, pantalon bleu vif et tongs aux pieds. Sans attendre, il me remet un livret noir frappé aux armes nationales (un bouclier entouré d'un ibis et d'une antilope : « *for God and for my country* »). Le titre, en lettres d'or, ne laisse pas d'effrayer : *Neglected Tropical Diseases* (« Les maladies tropicales négligées »). « *An advocacy booklet* ». Cependant, le pire m'attendait en ouvrant le volume. Des photos terrifiantes de personnes atteintes de douze de ces maladies : éléphantiasis, onchocercose (les aveugles des rivières), bilharziose, trachome, maladie du sommeil, leishmaniose, peste (oui !), ulcère de Buruli, rage. Ventres distendus, chancres, jambes difformes, visages décharnés, couilles monstrueuses... Un véritable musée des horreurs !

Le docteur Kabatereine s'amuse de mes grimaces.

« Je vous l'accorde : les moustiques ne sont pas responsables de tout ! Mais, comme ici, on ne va vous parler que du paludisme, moi, auparavant, il faut que je vous apprenne le reste de la vie ! »

Sur ce, il m'entraîne dans une salle de réunion où, toute la matinée, entouré de son équipe, il va m'expliquer leurs guerres contre ces douze fléaux. Pour chacun d'entre eux, il montre deux cartes, l'une de 2010, l'autre de 2016. Le rouge indique les régions très infectées ; le jaune, les cas isolés ; le vert, les districts épargnés.

« Vous voyez, le rouge recule. Partout ! Ça fait plaisir. »

Plus tard, nous rendrons visite au petit insectarium. Occasion d'une colère du docteur :

« Vous vous rendez compte ! Vous laissez s'échapper des *Gambiae* [espèces d'anophèles] contaminés ! »

Les laborantins se regardent. Je les entends chuchoter.

« Oh, un de plus, un de moins ! »

Tout le monde retrouve sa bonne humeur en voyant arriver un imposant lapin blanc. On appuie son oreille droite contre une cage. À travers la gaze, les moustiques se régalent de son sang.

En me raccompagnant, le docteur Kabatereine pointe son doigt vers le ciel, où tournoient des milliers de gros oiseaux.

« Vous pouvez les saluer... ce sont des cousins de vos cigognes, les marabouts. Ils sont en pleine période de nidification. Ils cherchent partout des matériaux de construction. »

À mon tour de lui montrer la dizaine de véhicules qui ont envahi la cour. Des mécaniciens et des laveurs s'affairent.

« Nous aussi, nous avons des vecteurs, m'explique mon nouvel ami. Sans voitures en bonne santé, pas possible d'aller sur le terrain. Ces automobiles sont nos vecteurs antivecteurs. Allez, bonne chance avec le paludisme ! »

Un peu plus tard, je découvre la crème de la crème – à la fois médicale et entomologiste – réunie par Lionel Vignacq, le très efficace premier conseiller de l'ambassade, et la non moins très active et très atypique ambassadrice, Stéphanie Rivoal. Cette ancienne de … Goldman Sachs s'est par la suite racheté une conduite lors de nombreuses missions humanitaires au Darfour en guerre[1], avant de présider l'ONG Action contre la faim.

Du débat qui a suivi, j'ai appris :

1) du professeur David Sergawa, directeur de l'école de santé publique, que, contrairement à ce que j'avais appris au catéchisme, le paradis et l'enfer sont liés. L'Ouganda est un paradis (eau + soleil + très bonnes terres = catalogue de toutes les plantes possibles + présence de tous les êtres vivants, du virus

1. Voir son livre de photos, *Darfour*, Paris, Éditions du Cherche Midi, 2007.

à l'éléphant, du virus bienveillant au mortel). Mais c'est donc un paradis qui peut virer à l'enfer. La vie ne choisit pas ;

2) du professeur Moses Kamiya, doyen de la faculté de médecine, que *tous* les Ougandais, sans exception, ont souffert un jour ou l'autre du paludisme. Figurez-vous qu'une maison, une seule maison, peut contenir jusqu'à dix mille moustiques. Il y a dix ans, le taux de présence de *falciparum* chez les enfants était de 42 %. Aujourd'hui, ce taux atteint 19 %. Malgré tous nos efforts, c'est encore inacceptable quand on sait que les plus jeunes sont les plus fragiles ;

3) du même professeur, que l'angoisse monte devant les résistances croissantes aux insecticides (pour les moustiques) et aux médicaments (pour les parasites). Pour l'instant, les combinaisons d'artémisinine avec d'autres molécules restent efficaces. Mais que se passera-t-il lorsque les parasites se seront adaptés ? Le pire cocktail serait le mélange du Cambodge (où le paludisme est assez rare, mais la résistance quasi totale dans l'est du pays) et de l'Ouganda (où le paludisme est partout, mais les résistances peu fréquentes) ;

4) du docteur Jimmy Opigo, directeur du programme de lutte antimalaria au ministère de la Santé, que les autorités, les médecins et leurs traitements ne pourront jamais tout faire. Les personnes et les familles doivent être responsables. Qu'ils assèchent les sites des larves autour de leurs maisons ! Et qu'ils

n'oublient pas l'utilisation systématique de moustiquaires imprégnées !

5) de l'entomologiste Jocelyn Atuhairwe j'ai appris aussi que la lutte contre le paludisme, si elle veut être efficace, doit prendre en compte les comportements humains. Dans une telle bataille, les sciences humaines, la sociologie, l'étude des religions peuvent être plus décisives que l'action des médicaments. Si quelqu'un est fataliste et pense que toute maladie est la volonté de Dieu, comment le mobiliser pour lutter ?

Le moment était venu de poser la question qui me brûlait les lèvres :

« Vous, vous qui êtes sur la ligne de front, vous qui vous trouvez chaque jour devant des enfants qui meurent, quelle est votre position face aux nouvelles techniques génétiques qui devraient permettre, un jour plus ou moins proche, et pour pas cher, d'éradiquer les moustiques ? »

La réponse ne s'est pas fait attendre. Immédiate et unanime, médecins et entomologistes. Contrôler ? Oui, mille fois oui, de toutes nos forces ! Éradiquer ? Jamais ! Ce ne sera jamais vraiment possible, jamais définitivement possible. Et heureusement ! Aucun risque n'est pire que celui de détruire un écosystème. Et chacun de développer son argument. Nous allons créer des monstres ! Et nos manipulateurs, je ne crois pas à leurs promesses : quoi qu'ils disent, si un problème se présente, jamais nous ne pourrons revenir en arrière ! Et les virus, s'ils perdent leurs maisons favorites pour se développer et leurs moyens habituels de transport, vous pensez qu'ils vont rester là et disparaître sans réagir ? Vous pensez vraiment, depuis le temps qu'ils existent, qu'ils ne vont pas trouver d'autres domiciles, d'autres vecteurs ? Et s'ils se révélaient pires pour nous, bien pires ?

Une forêt nommée Zika

Un homme m'attend au bord d'un champ. Plutôt un terrain vague. De tous côtés, des maisons en construction. Je m'apprête à repartir. Mais mon chauffeur confirme :

« C'est bien le docteur Lutwama Julius Julian, celui-là même avec qui vous avez rendez-vous. Quelqu'un de très important, le coordonnateur principal du programme de vigilance face à la grippe ! » (je soupçonne ce chauffeur d'avoir comme moi grand peur des maladies ; sa manière de conduire, très inhabituelle ici, je veux dire très lente, apporterait de l'eau à mon moulin). « D'ailleurs, regardez le panneau devant lequel il se tient. »

Toujours incrédule, je lis :

ZIKA FOREST
PROPERTY OF
UGANDA VIRUS RESEARCH INSTITUTE
(UVRI)
PO BOX 49 ENTEBBE
TEL 01432 -720631

Je ne veux toujours pas y croire : c'est bien ici, cette forêt de légende ?

J'imaginais des heures et des heures de piste pour atteindre, épuisé, un lieu perdu. Or, il me semble n'avoir pas quitté Kampala. Des deux côtés de la route m'ont accompagné une interminable file de commerces, dont celui de cercueils. Pas le moindre commencement d'un début de forêt primitive… Au milieu de plus vastes jardins, aux pelouses tondues comme des greens de golfs, les plus luxueuses propriétés se succèdent et la moitié d'entre elles se présentent comme des écoles. Je n'ose penser aux tarifs ! Le GPS annonce que dans moins de vingt kilomètres commence une autre ville, et pas la moindre : Entebbé !

Qu'est-il arrivé à la forêt Zika ? Devenue jardin public, espace vert pour les enfants, Central Park, bois de Boulogne, produit d'appel pour les promoteurs ? Je savais l'Amazonie rongée, mais pas encore cette région des Grands Lacs.

Ma déception doit être visible, car le bon docteur tient tout de suite à me rassurer : « Nous avons quand même réussi à sauver vingt-huit hectares ! Je vous assure, on peut en mener, des recherches, avec vingt-huit hectares de nature ! »

Sa bonne tête café au lait me sourit. Tout le monde vous sourit en Ouganda. Mais lui, en plus, vous scrute. Peu de détails doivent lui échapper. Après tout, un curieux maladif de mon espèce est une espèce de virus : je ne peux vivre sans me nourrir de ma planète.

Alors, m'entraînant sous les arbres pour me prouver sans attendre que forêt il y a toujours, il m'en raconte l'histoire.

Tout commence en 1932. Une violente épidémie de fièvre jaune frappe cette partie de l'Afrique de l'Est, alors sous domination britannique. La fondation américaine Rockefeller décide d'apporter son soutien et choisit, comme terrain d'étude, cette petite forêt. Pas plus « pratique » que cette forêt située en bordure du lac Victoria, non loin d'Entebbé, capitale de l'Ouganda à cette époque.

La forêt Zika devient le premier endroit du monde où sont menées des enquêtes systématiques sur les relations entre 1/ les parasites et les virus, 2/ les insectes qui les accueillent et les transportent, 3/ les vertébrés qui, très involontairement, les reçoivent en cadeau.

En d'autres termes, on veut savoir qui pique qui, à quelle heure, à quel endroit de la forêt et avec quelles conséquences pour la santé du piqué.

On va ainsi travailler sur la poliomyélite, la maladie du sommeil, les grippes… Et, en 1947, on découvre un virus inconnu. Il devait exister, auparavant et ailleurs, mais personne ne l'avait répertorié. On l'a appelé *Zika*, du nom de cette forêt. Zika veut dire : « qui pousse mieux, plus vite, plus haut qu'ailleurs ». Appellation pertinente non ? Pour la forêt, mais aussi pour le virus.

Cette forêt est vite devenue indispensable. Mais, vous l'avez remarqué, elle est trop bien placée, trop proche des extensions urbaines. Il fallait la protéger de l'appétit des promoteurs. C'est ainsi que l'institut de recherche UVRI en est devenu propriétaire…

Chemin faisant, nous voici arrivés dans une clairière, au pied de cette fameuse tour de ferraille qui a contribué à la légende. Les chercheurs de Kédougou s'en sont inspirés.

« Pour connaître le comportement des moustiques, il faut savoir à quelle hauteur piquent les différentes espèces.

– Mais cette tour dépasse le sommet des arbres !

– Cent trente pieds, quarante-cinq mètres. Il n'y a pas plus riche en espèces mal connues que la canopée ! Vous voyez, nous avons trois plateformes : dix, vingt et quarante mètres. Vous aimeriez monter ? »

Je décline poliment. Je me trouve déjà bien assez courageux, voire stupide, d'être venu me faire infecter au cœur de l'Afrique !

« À chacun des niveaux, nos chercheurs attrapent les moustiques qui se présentent. Ils sont rapportés dans notre institut, où ils sont identifiés. Nous installons aussi des cages avec des animaux, principalement des singes. Bien sûr, ils sont piqués. Il ne nous reste plus qu'à savoir par qui, porteur de quel virus. Notre fierté est d'en avoir découvert vingt-deux nouveaux. »

Je dis mon admiration. Vite tempérée par le docteur :

« Vous avez une idée de leur nombre ? »

J'avoue mon ignorance.

« … D'après le programme international Predict : un million deux cent mille. Seulement pour les arbovirus ! La plus récente contribution de notre forêt fut un travail sur Ebola. En attendant l'épidémie suivante… Il reste tellement à découvrir sur les relations entre tous les personnages du vivant ! »

Sa leçon est interrompue par un cri d'horreur. Nous venions d'atteindre l'extrémité de la forêt. En contrebas s'étendait un immense marais, l'une des baies, à demi asséchées, du lac Victoria. Mais, plus près de nous, deux souches toutes neuves prouvaient qu'on venait d'abattre des arbres pour voler leur bois.

« Comment voulez-vous surveiller, même cette petite surface ? Pour tout garde, nous n'avons qu'une famille. Avancez un peu. Vous voyez, à l'horizon, ce trait gris ? C'est le début d'une nouvelle autoroute. Elle traversera le marais. Nos autorités devraient comprendre qu'elles sont importantes, nos recherches. À force de construire, toujours construire, l'homme entrera en contact direct avec la nature. Et là, il vaudra mieux savoir comment elle fonctionne ! »

J'évoque alors les deux maisons en construction juste à l'orée de la forêt, tout près du petit panneau qui m'avait tant intrigué.

« J'ai prévenu les propriétaires. Je préfère ne pas savoir à qui ils ont acheté le terrain. Sans doute un proche du gouvernement. En Ouganda, nous n'avons pas de vrai cadastre. Je les ai prévenus, ces nouveaux-venus. Attention ! Vous construisez beaucoup trop près d'une forêt, réservoir de petits animaux pas forcément sympathiques. Les propriétaires ont haussé les épaules.

– Nous avons besoin d'argent. Si nous sommes trop piqués, nous vendrons. À quelqu'un qui ne croira pas aux moustiques. »

VI

LES GRANDS VOYAGES D'UN VIRUS

Un virus mondialisé

Le virus Zika s'est fait oublier pendant des décennies. D'innombrables personnes sont sans doute infectées, mais les médecins ne s'intéressent guère à des fièvres, des fatigues, des maux de tête, autant de symptômes si communs dans les pays chauds. Ils peuvent avoir des causes si nombreuses... Et comme, en général, la guérison survient vite, et sans séquelles, pourquoi s'en préoccuper ?

Ce très discret Zika refait parler de lui en 2007. Il a quitté sa forêt profonde pour gagner... les îles de Yap, en Polynésie. Une épidémie s'y déclare. On y prête attention non pour la gravité des cas diagnostiqués, mais pour l'extension de l'infection : les trois quarts de la population auraient été touchés.

Se sentant bien au bord des lagons et appréciant fort les palmiers, le Zika va descendre vers le sud-est de ce beau milieu du Pacifique pour atteindre, en octobre 2013, la Polynésie française : Tahiti, Moorea, l'archipel des Marquises.

Des centaines de personnes consultent soudain les médecins locaux pour les mêmes éruptions cutanées, les mêmes fièvres, les mêmes terribles fatigues. La dengue frapperait-elle de nouveau ? Des prélèvements de sang sont ordonnés. Un virus est repéré. On l'identifie comme celui d'une vieille souche oubliée : le Zika. Tout le monde est touché, pourtant personne ne s'inquiète : après quelques jours désagréables, on peut reprendre son travail, ou retourner à la plage, ou alterner à sa guise les deux occupations.

L'alerte sérieuse est lancée à la fin de l'année 2013, lorsque se multiplient les troubles neurologiques graves. En quatre mois, les médecins diagnostiquent quarante-deux cas de paralysie progressive (syndrome de Guillain-Barré.)

Le Zika poursuit son périple.

Bientôt, on le retrouve un peu partout dans le Pacifique : en Nouvelle-Calédonie, dans l'île de Pâques…

Mais c'est lorsqu'il atteint l'Amérique latine qu'est prise la mesure de sa nocivité. À partir de mai 2015, près de deux millions de cas sont suspectés au Brésil.

Et, surtout, on établit la responsabilité de Zika dans les microcéphalies, autrement dit la petitesse des têtes[1]. Les bébés naissent avec des crânes anormalement réduits : lorsqu'il touche une femme enceinte, le Zika peut bloquer le développement du cerveau de son fœtus.

1. C'est Arnaud Fontanet et son équipe, qui, les premiers, ont établi cette relation. *The Lancet*, 15 mars, 2016.

Près de cinq mille cas de cette terrible affection sont ainsi recensés de Belém à Porto Alegre et de São Paulo à Rio. Apprenant ces très mauvaises nouvelles, les médecins de Polynésie française se replongent dans leurs statistiques. Et ils constatent que, dès la fin de l'année 2014, s'était multiplié le nombre de bébés présentant des malformations de la boîte crânienne. Les données brésiliennes, de bien plus grande ampleur, permettaient d'établir le lien avec Zika.

Pendant ce temps-là, le virus Zika remonte vers le nord : la Guyane est touchée, la Colombie. Puis vient le tour des Caraïbes, Martinique, Guadeloupe, République dominicaine, Haïti... Chaque mois, la progression gagne. Honduras, Salvador, Guatemala, Mexique... États-Unis.

Comme aux temps maudits de la peste, les populations, impuissantes, constatent la progression de l'épidémie. Aucun territoire ne peut plus se sentir protégé. Contre ce genre d'invasions, que peuvent les soldats, les douaniers, les hauts grillages, les murs de béton... les frontières nationales ?

Rien de tel que des insectes minuscules pour *mondialiser* les maladies de notre planète. Et qui sont les agents principaux de cette mondialisation ? À l'évidence, ceux qui transportent les virus les plus redoutables : les moustiques *Aedes – aegypti* ou *albopictus*.

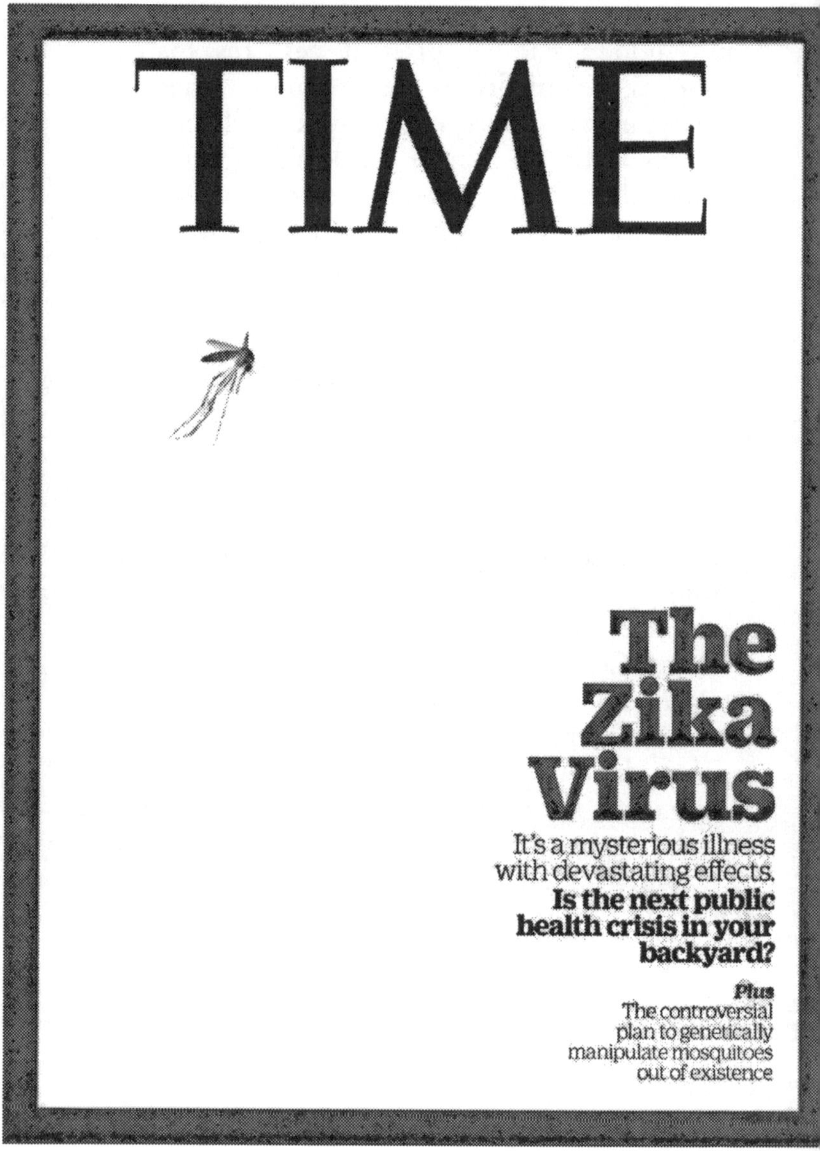
TIME
The Zika Virus
It's a mysterious illness with devastating effects.
Is the next public health crisis in your backyard?
Plus
The controversial plan to genetically manipulate mosquitoes out of existence

Haro sur les voyageurs !

Comme toute la presse de la planète, dont notre *Monde*, l'hebdomadaire américain *Time* a consacré sa couverture au virus Zika (16 mai 2016).

Un chiffre dans l'article a particulièrement frappé les lecteurs : quarante millions.

Quarante millions d'Américains voyagent en effet chaque année dans un pays frappé par Zika. Quarante millions ! Dont, probablement, cinq cent mille femmes enceintes. Comme on s'en doute, ce chiffre a jeté un énorme froid.

Mais si le virus se trouvait bien aux États-Unis, et qu'il s'y installait ? Plus besoin de voyager pour être infecté…

Alerte au tigre !

Si les virus, et notamment Zika, voyagent tellement, c'est d'abord parce qu'ils se débrouillent comme personne pour trouver le meilleur des moyens de transport : les animaux qu'ils parasitent.

Dont le moustique-tigre.

Le tigre est beau. Il doit son nom aux lignes blanches qui zèbrent son thorax noir.

« Tigre » est un surnom qu'il ne faut pas répéter au félin propriétaire légitime du nom : il pourrait en prendre ombrage. Car cet insecte est minuscule et s'appelle en réalité *Aedes Stegomyia albopictus*. Famille des *Culicidae* (moustique, sous-famille des *Culicinae*, genre *Aedes*, sous-genre *Aedes Stegomyia*).

Le tigre est moderne.

Il préfère les villes à la campagne. Et, au lieu de piquer la nuit, comme la plupart de ses congénères, il ne veut pas gâcher son sommeil, ni trop occuper ses journées. Il préfère concentrer ses attaques à l'aube ou lorsque tombe le crépuscule.

Le tigre est prolifique : plus de soixante-dix œufs tous les trois ou quatre jours.

La femelle du tigre vit (presque) longtemps, même si sa durée de vie dépend de la température ambiante : vingt-neuf jours à vingt-cinq degrés, trente-deux jours à trente degrés.

Il ne faut donc pas s'étonner que le tigre soit signalé partout. Il est déjà dans la plupart des départements français. Avec le réchauffement, aucune partie d'Europe ne pourrait lui échapper.

Le tigre nous est hostile.

Il pourrait prendre le sang du chien, du rat, de la chèvre. Mais c'est nous qu'il préfère.

Le tigre est dangereux.

Dans les zones tropicales, il peut porter et donc inoculer une bonne trentaine de virus différents. Dans les pays plus tempérés, il se contente, *pour l'instant*, de la dengue et du chikungunya.

Le tigre est voyageur.

Il vient d'Asie, sans doute des bambouseraies du sud de la Chine, du Vietnam, du Cambodge. Mais, dès 1979, il débarque en Europe, plus précisément en Albanie. Ce choix ne peut qu'inquiéter. Le tigre serait-il un agent communiste ? Et s'il avait reçu pour mission secrète de ranimer la guerre froide en profitant des premières manifestations du réchauffement climatique ? Rappelons qu'à l'époque ce tout petit pays qui borde la Méditerranée continue de se proclamer maoïste et qu'un « grand timonier », Enver Hodja, le dirige d'une main de fer.

Une fois qu'il a repris des forces, le tigre passe à l'assaut du monde libre.

Dès 1985, on note sa présence aux États-Unis. D'où il peut facilement envahir toute l'Amérique via le Mexique, le Guatemala, le Honduras, Panama…

À peine un an plus tard, il atteint le Brésil, puis l'Argentine…

Ces territoires conquis, une deuxième vague d'offensive frappe l'Europe, via l'Italie (début des années 1990), puis l'Espagne, avant d'arriver en France.

Le tigre est un voyageur malin.

Pour se déplacer, il varie les moyens. Le bateau et l'avion, pourquoi pas ? Mais il a plus d'un tour dans son sac, par exemple les stocks de vieux pneus. Des traces d'eau y stagnent toujours, dont il est quasiment impossible de se débarrasser. Quel meilleur logis pour loger des œufs ? D'autant que les œufs du tigre, comme ceux de tous les *Aedes*, sont enveloppés d'une coque faite de chitine : une matière imperméable, résistante et souple. Elle protège les œufs de toute sécheresse. Ils peuvent donc tranquillement attendre des mois avant d'éclore.

Et le sexe, dans tout ça ?

Une question rôde, que personne n'ose vraiment poser, tant la réponse angoisse.

Nous sommes d'accord : ce sont les moustiques, ces malveillants *Aedes*, et d'abord ces très nocifs *aegypti*, qui généralement transmettent le virus.

Mais se pourrait-il qu'un être humain porteur du Zika infecte directement un autre être humain ? En d'autres termes, moins pudiques : la transmission peut-elle emprunter la voie sexuelle ?

Une réponse positive ajouterait à la peur, en rappelant des hantises encore très présentes.

À l'oreille comme à l'écrit, et dans la langue française, les mots Zika et sida se ressemblent. En prononçant l'un, on ne peut s'empêcher de penser à l'autre.

Mauvaise nouvelle, cette possibilité de transmission est confirmée. À Tahiti, on a retrouvé le Zika dans le sperme d'un homme. Et il est prouvé qu'il peut y demeurer plus de six mois. Notons que le ministre cambodgien de la Santé recommande soit le préservatif, soit… une abstinence de six mois après le retour d'un pays où le virus est endémique (Thaïlande, Vietnam)…

VII

NOUS, PAYS TEMPÉRÉS, SOMMES-NOUS MENACÉS ?

Alphonse Daudet est l'un de ces écrivains qui ne survivent que par l'école. Sans l'obligation de les lire, puisqu'ils étaient « au programme », jamais nous n'aurions eu l'idée d'ouvrir un recueil au titre si niais, *Lettres de mon moulin*.

Et si l'histoire de la chèvre de monsieur Seguin ou celle du curé de Cucugnan restent à jamais dans nos mémoires, qui a eu l'envie de prolonger sa lecture jusqu'au magnifique récit de ses séjours en Camargue ?

Un paradis neuf mois sur douze. Un enfer l'été, quand surviennent les moustiques et les fièvres qu'ils transmettent.

« L'*espère* ! quel joli nom pour désigner l'affût, l'attente du chasseur embusqué, et ces heures indécises où tout attend, *espère*, hésite entre le jour et la nuit. L'affût du matin un peu avant le lever du soleil, l'affût du soir au crépuscule. C'est ce dernier que je préfère, surtout dans ces pays marécageux où l'eau des *clairs* garde si longtemps la lumière. [...] je vais à l'*espère* à pied, barbotant en plein marécage avec d'énormes bottes taillées dans toute la longueur du cuir. Je marche lentement, prudemment, de peur de m'envaser. J'écarte les roseaux pleins d'odeurs saumâtres et de sauts de grenouilles...

« Enfin, voici un îlot de tamaris, un coin de terre sèche où je m'installe. Le garde, pour me faire honneur, a laissé son chien avec moi ; un énorme chien des Pyrénées à grande toison blanche, chasseur et pêcheur de premier ordre, et dont la présence ne laisse pas que de m'intimider un peu. Quand une poule d'eau passe à ma portée, il a une certaine façon ironique de me regarder en rejetant en arrière, d'un coup de tête à l'artiste, deux longues oreilles flasques qui lui pendent dans les yeux ; puis des poses à l'arrêt, des frétillements de queue, toute une mimique d'impatience pour me dire :

« "Tire... tire donc !"

« Je tire, je manque. Alors, allongé de tout son corps, il bâille et s'étire d'un air las, découragé, et insolent...

« Eh bien ! oui, j'en conviens, je suis un mauvais chasseur. L'affût, pour moi, c'est l'heure qui tombe, la lumière diminuée, refugiée dans l'eau, les étangs qui luisent, polissant jusqu'au ton de l'argent fin la teinte grise du ciel assombri. J'aime cette odeur d'eau, ce frôlement mystérieux des insectes dans les roseaux, ce petit murmure des longues feuilles qui frissonnent. [...]

« Tout près de chez nous, à une portée de fusil de la cabane, il y en a une autre qui lui ressemble, mais plus rustique. C'est là que notre garde habite avec sa femme et ses deux aînés : la fille, qui soigne le repas des hommes, raccommode les filets de pêche ; le garçon, qui aide son père à relever les nasses, à surveiller les *martilières* (vannes) des étangs. Les deux plus jeunes sont à Arles, chez la grand-mère ; et ils y resteront jusqu'à ce qu'ils aient appris à lire et qu'ils aient fait leur *bon jour* (première communion), car ici on est trop loin de l'église et de l'école, et puis l'air de la Camargue ne vaudrait rien pour ces petits. Le fait est que, l'été venu, quand les marais sont à sec et que la vase blanche des *roubines* se crevasse à la grande chaleur, l'île n'est vraiment pas habitable.

« J'ai vu cela une fois, au mois d'août, en venant tirer les hallebrands, et je n'oublierai jamais l'aspect triste et féroce de ce paysage embrasé. De place en place, les étangs fumaient au soleil comme d'immenses cuves, gardant tout au fond un reste de vie qui s'agitait, un grouillement de salamandres, d'araignées, de mouches d'eau cherchant des coins humides. Il y avait là un air de peste, une brume de miasmes lourdement flottante qu'épaississaient encore d'innombrables tourbillons de moustiques. Chez le garde, tout le monde grelottait, tout le monde avait la fièvre, et c'était pitié de voir les visages jaunes, tirés, les yeux cerclés, trop grands, de ces malheureux condamnés à se traîner, pendant trois mois, sous ce plein soleil inexorable qui brûle les fiévreux sans les réchauffer... Triste et pénible vie que celle de garde-chasse en Camargue ! »

Nous ne sommes pas entre les tropiques, sur quelque delta de l'Orénoque ou du Mékong, mais dans notre douce France, à deux pas de Marseille.

Et le « dérèglement climatique » ne peut être mis en cause, puisque Daudet décrit, vers 1860, une misère sanitaire qui existe depuis toujours. C'est dire si les maladies apportées par les moustiques ne viennent pas toujours de loin, et ne datent pas d'aujourd'hui.

La meilleure façon, la plus certaine, la plus radicale et la plus définitive de se fâcher avec des amis de Camargue avec la certitude de n'être plus jamais invité, c'est de prononcer ces trois syllabes dont une muette : mous-ti-que.

« Moustique, mais où voyez-vous des moustiques ? » gronde le maître ou la maîtresse des lieux, oubliant les fins grillages qui doublent chacune des fenêtres.

De même, dans ma Bretagne nord, l'ami qui ose s'étonner du mauvais temps : « De quoi parles-tu ? Tu n'as pas remarqué l'éclaircie de ce matin ? », ce distrait-là, doublé d'un malotru, sera pour toujours banni de nos rivages enchantés.

De la géographie, comme de l'amour, il faut tout accepter.

Alors ?

Où sont les moustiques ?

Partout !

Les moustiques franchiront toutes les distances, s'adapteront à toutes les températures, pour envahir peu à peu tous les coins et recoins de notre planète, même les pôles.

Jusqu'à l'époque moderne, les deux espèces majeures d'*Aedes* ne se croisaient pas. Chacune vivait sur son continent.

– *aegypti* en Afrique, comme son nom l'indique.

– *albopictus* en Asie.

Et puis les hommes ont commencé à beaucoup voyager. Notre « mondialisation » s'est mise en place. Celle des moustiques n'a pas tardé à l'accompagner.

Les *Aedes aegypti* ont montré l'exemple en traversant l'Atlantique, sans doute en accompagnant les esclaves sur les bateaux de négriers.

Rappelons que les moustiques ne vivent pas longtemps, moins d'un mois. Il fallait beaucoup de semaines pour atteindre l'autre extrémité de l'océan. Comment ont-ils pu survivre à cette longue migration ?

Deux explications sont proposées.

Nous connaissons la première, cette capacité qu'ont les œufs, une fois desséchés, de rester en vie une bonne année et de ressusciter dès qu'un peu d'humidité leur est offerte.

La seconde explication est tout aussi plausible. Sur les bateaux, les moustiques avaient de quoi s'alimenter. Et leurs femelles avaient à portée de rostre tout le sang disponible, celui des marins, pour nourrir leurs œufs. Lesquels trouvaient dans les réserves d'eau du bord le milieu idéal pour se changer en larves. Des cycles complets pouvaient donc s'enchaîner aussi longtemps que duraient les traversées.

Notons que les parasites dont ils étaient porteurs partageaient ces voyages immenses sans même s'en rendre compte. Un parasite ne profite pas seulement du gîte et du couvert offerts par son hôte, il est aussi son passager clandestin.

Débarquant dans les plantations de coton d'Amérique du Nord, dans les champs de canne à sucre des Caraïbes et du Brésil, les *Aedes aegypti* se sont adaptés à des milieux différents. Les *Aedes albopictus* ont quitté bien plus tard l'Asie de leur naissance, sans doute vers 1980, lorsqu'un stock de vieux pneus s'est retrouvé quelque part au sud des États-Unis, Texas ou Nouveau-Mexique.

Pourquoi voulez-vous qu'*Aedes albopictus* ne revienne pas un jour en Asie ?

Pourquoi voulez-vous qu'il dédaigne ces géants garde-manger que sont les villes asiatiques ?

En conséquence, pourquoi voulez-vous que les virus que transportent les *Aedes* continuent d'épargner l'Asie ?

Bonjour, la fièvre jaune en Extrême-Orient !

Et, cher Zika, vous voici déjà en Inde. Bientôt en Chine ! Et, bien sûr, en Europe, où vous êtes très présent depuis 2015.

Décidément, l'*Aedes* est le double de l'homme, son ombre, son parfait imitateur.

À chacune des évolutions majeures de notre planète, *Aedes* est présent.

Espèce humaine, vous devenez mondialisée ? Aucun problème, répond *Aedes*. Comme vous, je sais prendre un bateau ou un avion.

Espèce humaine, vous avez décidé de vous urbaniser ? Quelle bonne idée ! *Aedes* ne peut cacher son contentement. Jamais nous n'aurions osé rêver un tel paradis, un tel rassemblement en un même lieu d'autant de repas de sang en perspective !

Nos activités réchauffent le climat ? Encore merci, disent les *Aedes*. Nous ne pouvions croire à telle aubaine. N'oubliez pas que nous, moustiques, sommes enfants des tropiques. Et, plus encore que la chaleur, nous aimons l'humidité. Alors, chers humains, si votre planète devient tropicale, nous serons partout chez nous chez vous. Figurez-vous que, depuis longtemps, un fantasme trottait dans l'esprit de nos femmes, celui d'aller piquer des Inuits, des Tcherkesses, ou les Patagons, juste pour varier leur ordinaire gastronomique.

TROISIÈME PARTIE

Comment s'en débarrasser ?

Cette invasion de moustiques mondialisés, transmettant partout de plus en plus de maladies, nous oblige à réagir.

L'époque n'est plus où la moitié de la planète, tranquille dans sa zone tempérée, pouvait se désoler, mais sans s'inquiéter pour elle-même, des ravages causés par les moustiques à l'autre moitié, pauvre et chaude, de cette même planète.

La guerre contre les moustiques se mène en quatre phases :

– Quand des patients se présentent, il faut les *soigner*.

– Pour éviter que ne se développent les maladies lorsqu'on est piqué, il faut *vacciner* les êtres humains, mais aussi les moustiques.

– Le mieux est encore d'éviter d'être piqué, en *empêchant* les moustiques d'approcher.

– Et si, pour en finir une bonne fois pour toutes avec ces espèces nuisibles, nous nous en débarrassions ? Bientôt rendu possible par les progrès du forçage génétique, le rêve d'une *éradication* rapide ne risque-t-il pas de se payer cher, par l'apparition de futurs cauchemars ?

I

SOIGNER

La poudre des jésuites

Selon la légende, la comtesse Chinchón, épouse du vice-roi du Pérou, souffrait de fièvres aussi violentes qu'intermittentes. Rien ne pouvait la soulager. Un jour, un Indien quechua lui recommande de mâcher l'écorce d'un certain arbre. La guérison s'ensuivit. Ainsi débuta la gloire du quinquina (nom scientifique : *Cinchona officinalis*, en hommage à la comtesse).

Dans ce nouveau monde conquis par les Espagnols à la suite des voyages de Christophe Colomb, le collège Saint-Paul de Lima devient le quartier général de la Compagnie de Jésus.

Plus d'une centaine de jésuites y enseignent, mais s'occupent aussi à divers tâches scientifiques, dont celle de dresser l'inventaire des plantes locales et de leurs vertus médicinales. L'âme de ces ethnobotanistes avant l'heure est un Italien, prêtre, mais pharmacien de formation : Agostino Salumbrino (1564-1642). Il restera près de quarante ans au Pérou, récoltant toutes les espèces possibles et les plantant dans le jardin du couvent pour en étudier les effets plus à loisir.

Se confirme l'efficacité de l'écorce mâchée par la comtesse Chinchón.

Pourquoi ne pas en faire profiter les Romains, qui eux aussi, chaque été, souffrent de fièvres malignes ? Un frère est chargé de leur apporter le médicament. Qui fait des miracles. La guérison, en 1672, d'un fils de Louis XIV ajoute encore à la réputation de la pharmacopée andine.

Bientôt l'Europe entière ne parle plus que de « la poudre des jésuites ». D'autant que les bons pères ont compris le bénéfice, pécuniaire, qu'ils pouvaient tirer de cette découverte.

Cent ans durant, les jésuites gardent le monopole de toute la chaîne : ils organisent les plantations, ils veillent sur les récoltes, ils répriment la contrebande, ils distribuent le produit. Aucun jésuite ne revient plus d'Amérique latine sans de la poudre plein les poches. Une fois en Europe, le réseau des missions, couvents, collèges, se charge de l'écouler.

Ce succès engendre la fureur des protestants : faut-il être naïf (autrement dit catholique) pour croire à cette nouvelle imposture des disciples de Loyola !

Quand, en 1773, les jésuites se font interdire par le pape Clément XIV, d'autres prennent le relais, dont une compagnie hollandaise. Et d'autres terroirs sont exploités, car les régions d'origine (Pérou, Bolivie, Équateur) ont été vidées de leurs quinquinas. La terre entière en fait pousser : l'Afrique, l'Inde, le Caucase, l'Indonésie... On en demande toujours plus.

Il faut attendre 1820 pour que deux chimistes français, Joseph Pelletier et Joseph Caventou, réussissent à extraire deux alcaloïdes, les principes actifs de cette écorce. Ils les baptiseront quinine et cinchonine, référence à la fameuse comtesse.

À partir de ce moment, des laboratoires s'emparent de la formule et bâtiront sur son exploitation de véritables fortunes (Rosengarten & Sons, Sappington à Philadelphie...).

La chimie a remplacé la nature. Le jardin du père Salumbrino n'existe plus que dans les mémoires. Mais sa méthode de recherche, l'ethnopharmacologie, demeure plus vive et nécessaire que jamais.

Hô Chi Minh, Mao Tsé-Toung et Mme Tu Youyou.

Cette folie meurtrière qu'on appelle la guerre fait toujours progresser la chirurgie et la médecine. Mieux on prendra soin de la santé des soldats, plus nombreux on pourra les faire tuer.

Revenons aux années 1960 et 1970.

Pour tenter d'arrêter les armées nord-vietnamiennes qui avancent vers le sud, l'aviation américaine déverse ses bombes. Une seule solution pour échapper à ce déluge : creuser un réseau de galeries souterraines.

Le généralissime Giáp n'avait pas pensé aux contre-effets de ces travaux de taupes. La pluie traverse le sol et se répand dans les profondeurs. Ravis de l'aubaine, les moustiques anophèles s'y installent.

Si bien que, très vite, les Vietnamiens vont davantage mourir de paludisme que du fait des armes ennemies.

Hô Chi Minh appelle Mao à l'aide, il est son allié contre l'Amérique. Un programme secret est lancé. On l'appellera d'un nom de code, 5/23 (pour 23 mai 1967). Des centaines de scientifiques missionnés par le Grand Timonier se lancent dans une vaste campagne d'inventaire botanique, en s'appuyant sur une littérature immense. En Chine, le pouvoir des plantes est connu et utilisé depuis des millénaires. C'est ainsi que, dans un *Manuel de prescriptions pour les urgences* écrit au IIIe siècle par un certain Yong He, on découvre une recette contre le paludisme. Elle consiste à laisser toute une nuit tremper dans de l'eau pure des feuilles d'une plante appelée *qinghao*, de boire au matin cette infusion pour que s'apaise la fièvre.

Cette *qinghao* est l'*Artemisia annua*, l'armoise annuelle, qui appartient à la famille des ambroisies, d'où l'on tire l'alcool nommé absinthe. Laquelle connut son heure de gloire (et de malfaisance) au XIXe siècle. C'est *L'Assommoir* raconté par Émile Zola.

*
* *

L'Académie chinoise des sciences médicales est une enclave des savoirs au cœur de Pékin, 16 Nanxiaoje, avenue Dongzhimen Nei (c'est-à-dire, à vue de nez, entre le deuxième et le troisième périphérique). Le laboratoire de Mme Tu Youyou occupe un petit immeuble, à la droite de l'immense bâtiment central (rappelons qu'en chinois le nom de famille, en l'occurrence Tu, s'écrit en premier). Cette grande dame se trouvant à l'étranger, c'est un de ses adjoints, le professeur Jiang Tingliang (quatre-vingt-trois ans), qui nous raconte cette histoire, devenue légendaire.

Retour à la fin des années 1960. Les scientifiques mandatés par Mao piétinent. Une première étape a été franchie en reconnaissant l'efficacité de la plante *qinghao*. Il s'agit maintenant d'en tirer le principe actif. Deux raisons, on le saura plus tard, faisaient obstacle. En premier lieu, on suivait la méthode la plus courante, qui était de faire bouillir la plante. Avec, pour effet, immédiat et radical, de tuer… le principe. Ensuite, par raison de commodité, on travaillait sur les plantes les plus proches de Pékin. Lesquelles, filles du Nord, n'ont pas les vertus tropicales de leurs sœurs du Sud.

Devant l'urgence, car les alliés vietnamiens continuent de succomber en masse, les autorités chinoises confient la mission à une jeune et brillante diplômée en pharmacie, spécialisée dans les médecines traditionnelles. Elle a l'idée de broyer la plante, au lieu de la faire bouillir (je résume, bien sûr, et simplifie) : il importait surtout de ne pas laisser de trop hautes températures faire s'évaporer le fameux « principe ». Lequel est finalement capturé en 1972. C'est une substance incolore et cristalline (C15H225O15, pour les spécialistes) dont le pouvoir se révèle tout de suite quasi miraculeux. Elle fait baisser immédiatement les fièvres paludéennes et supprime la plupart des parasites *plasmodium* présents dans le sang, ceux-là mêmes qui résistaient à la chloroquine. On baptise la substance Qinghaosu, *su* en chinois signifiant « élément de base » (ou principe actif). L'artémisinine est née.

Ensuite, les publications et les récompenses vont se succéder pour Mme Tu et son équipe. Jusqu'à la consécration, ultime, mais tardive, du Nobel, pas moins de quarante-trois ans plus tard (2015) ! Ce prix a particulièrement touché les Chinois, car il consacre leur conception de la science : aucune rupture avec les savoirs anciens, mais une continuité permanente.

C'est dans cette ligne que continue de travailler, avec la même ardeur, le laboratoire. Sa première priorité est de trouver la manière de baisser le coût de ce médicament pour en étendre l'accès aux pays les plus touchés, principalement en Afrique. Son deuxième axe de recherche est de mieux comprendre les mécanismes d'action de cette plante sur les agents du paludisme. Sans cette connaissance, comment améliorer son efficacité ? Et comment, surtout, parer au fléau prévisible et déjà en œuvre, la résistance ?

*

* *

Sans rien retirer au génie stratégique de Giáp, sans oublier le courage et la détermination de ses soldats, la victoire finale, avec la prise de Saigon le 30 avril 1975, doit beaucoup aux vertus de cette petite ambroisie.

Pour débarrasser la planète du paludisme, le remède absolu est-il enfin trouvé ?

La vie ne croit pas aux miracles, surtout définitifs.

D'une part, la force active de l'artémisinine est très variable selon les plantes, les conditions climatiques et géologiques, la manière dont elle a été cultivée et récoltée…

Comment s'assurer de la régularité de sa qualité ?

D'autre part, les parasites s'adaptent à ce nouvel ennemi. Bientôt ils lui résistent, comme ils ont fini par se moquer de la chloroquine.

Rien n'est jamais acquis.

Mieux que personne, Mme Tu Youyou incarne cette bataille permanente qu'est la recherche.

Pirater la nature ?

La « découverte » des vertus des plantes, telle l'artemisia, soulève un délicat problème de propriété. Qui possède la nature ? Les « peuples autochtones », qui habitent les lieux depuis la nuit des temps et en connaissent les richesses ? Ou les « chercheurs » venus d'ailleurs explorer la flore locale pour dresser la liste de ses emplois possibles ?

Autres questions, tout aussi dérangeantes : qu'est-ce qu'un « peuple autochtone » ? Étant entendu que « découvrir » ce qui existe déjà n'est pas, au sens strict du terme, une « invention ». À partir de quelle « amélioration » un brevet sur « le vivant » est-il recevable ? Comment favoriser, au lieu de freiner, l'inventaire des ressources de la nature ?

Pendant longtemps, le pillage fut la règle.

Il suffisait de venir dans des contrées lointaines. On écoutait les anciens. Et on revenait déposer tranquillement un brevet sur les pharmacopées ainsi confiées. Mille exemples peuvent être cités. C'est l'université de Lausanne qui s'octroie un brevet reconnaissant l'efficacité d'un arbre du Zimbabwe contre les champignons. Ni l'État de ce pays, ni l'université de Harare n'avaient été prévenus ! C'est un certain cactus (le *hoodia*), connu depuis longtemps par les Sans, une ethnie d'Afrique du Sud. Ils en savaient les propriétés de coupe-faim et de coupe-soif. Quel droit avait-on de l'utiliser en oubliant ceux qui l'avaient fait connaître ?

2011 est à marquer d'une pierre blanche.

Cette année-là se tient à Nagoya la conférence mondiale sur la biodiversité. La « communauté internationale », selon l'expression abusive mais consacrée, commence à prendre conscience de la disparition accélérée de milliers d'espèces, végétales et animales. Parallèlement, les peuples « autochtones », soutenus par des ONG, au premier rang desquelles la Fondation Danielle-Mitterrand – France Libertés, n'acceptent plus de se voir systématiquement dépossédés. Les deux causes sont liées. Comme le rappelle Victoria Tauli-Corpuz, rapporteuse spéciale de l'ONU pour les droits des peuples autochtones, ceux-ci occupent vingt-deux pour cent des territoires mondiaux, et quatre-vingts pour cent de la biodiversité se trouve sur ces territoires ! C'est ainsi qu'à Nagoya un protocole est adopté pour lutter contre la biopiraterie. Autre bonne nouvelle, trois ans plus tard, ce protocole est ratifié par plus de cinquante pays. Il peut donc entrer en vigueur dès 2014. Peu à peu, le droit se précise ; les principes se concrétisent ; des modes de répartition se mettent en place. Ainsi le mécanisme APA (accès et partage des avantages). Pour une fois qu'un acronyme est transparent !

Jugeant ces avancées incomplètes et trop lentes, les ONG maintiennent leur pression. La Fondation Danielle-Mitterrand, toujours elle, est à l'origine d'une action menée contre l'Institut de recherche pour le développement, organisme public français. Celui est accusé d'avoir déposé un brevet sur une molécule tirée d'un arbuste d'origine guyanaise, le *Quassia amara*. Cette plante est connue des populations pour ses qualités insecticides et antipaludiques. L'IRD s'est défendu en s'appuyant sur le flou des définitions, notamment celle des « peuples autochtones », et sur la violence de la compétition internationale, entraînant la nécessité d'une course folle aux brevets. Son président a saisi cette occasion pour réaffirmer sa « volonté de partage ». Connaissant la tradition de cet institut public et la qualité de ses pratiques, qui en douterait ?

Si vous voulez en apprendre plus sur cette question, et sur les trésors de la Guyane, prenez contact avec Mme Chantal Berthelot, députée de la deuxième circonscription de cette fabuleuse région, joyau d'une Amazonie dont le Brésil est loin d'avoir le monopole.

Des médicaments au travail

Comment lutter contre les parasites, une fois que la salive de dame moustique nous les a transmis ?

Vous l'avez sans doute remarqué : ce livre n'est pas un guide médical, ni un manuel de parasitologie. Des références existent, dont les sommes incontournables du professeur Gentilini[1].

Notre ambition est beaucoup plus modeste : la vie étant décidément un drôle de drame, en raconter les comportements rusés de certains de ses protagonistes.

Prenons l'exemple du paludisme.

Le plasmodium, une fois entré dans notre corps, s'installe dans les cellules du foie. Il s'y sent tellement bien qu'il s'y multiplie. Ne supportant pas cette invasion galopante, les cellules hépatiques finissent par exploser. Les parasites se retrouvent dans le sang, où ils investissent les globules rouges, s'y gavant d'hémoglobine.

La digestion de cette hémoglobine libère un poison très toxique qui se concentre dans l'« estomac » du parasite. Sans dommage pour le parasite, qui a

1. Marc Gentilini (dir.), Éric Caumes, Martin Danis, Pierre Bégué, *Médecine tropicale*, Paris, Lavoisier, 2016.

le pouvoir de le neutraliser avant qu'il n'exerce ses effets ravageurs.

C'est alors que peuvent intervenir des médicaments issus du quinquina, telle la nivaquine.

Elle aussi rejoint l'« estomac » du parasite, où elle « inhibe l'inhibiteur ». En d'autres termes, elle bloque la capacité qu'a le parasite de résister au poison.

Désarmé, le parasite meurt.

On croyait la guerre gagnée.

C'est mal connaître l'obstination de nos ennemis.

Les parasites aiment trop l'hémoglobine pour l'abandonner sans combattre.

De génération en génération, et de mutation en mutation, ils s'inventent un nouveau gène doté du pouvoir d'expulser la nivaquine, sitôt qu'elle pointe le bout de son nez. Les parasites peuvent de nouveau se goinfrer d'hémoglobine sans souffrir du moindre effet secondaire.

Autre mode d'action, grâce à un autre médicament issu, lui aussi, de la médecine traditionnelle : l'artémisinine, celle-là même mise en lumière par madame Tu Youyou, notre Prix Nobel chinoise.

L'hémoglobine est toujours en cause. Absorbée par un parasite, elle libère du fer. Mis en présence de l'artémisinine, ce fer se trouve impliqué dans des interactions chimiques qui produisent des radicaux libres. Ces puissants oxydants désintègrent les membranes des parasites. La première membrane atteinte est celle de l'estomac (en termes scientifiques : la « vacuole digestive ») ; la seconde est celle des mitochondries (les usines qui, dans les cellules, produisent de l'énergie) et enfin la membrane du noyau (qui contient l'ADN). Le parasite ne tarde pas à périr.

Une fois de plus, les parasites ripostent. Et notamment au Cambodge, en Birmanie, au Vietnam… Ils s'inventent un nouveau gène qui bloque l'interaction entre l'artémisinine et le fer libéré lors de la digestion de l'hémoglobine par le parasite. Fini les radicaux libres et leur action oxydante. Les membranes peuvent vivre tranquilles. Les parasites aussi.

D'autres médicaments empêchent la multiplication des parasites, en empêchant que se divise le noyau de leurs cellules.

D'autres encore vont s'attaquer à la fabrication de l'alphabet du code génétique inscrit dans l'ADN. Celui-ci ne pouvant plus se répliquer, c'est la multiplication du parasite qui est stoppée.

Les antibiotiques, quant à eux, font tout leur possible pour interdire aux parasites de fabriquer les protéines qui leur sont nécessaires.

Ne croyez pas que nos chercheurs flânent, ni qu'ils se découragent.

Sans relâche, ils attaquent les parasites, sous tous les angles, à chacun des stades de leur développement.

Et ils ne cessent d'inventer des armes qui portent à ces ennemis des coups sévères.

Ainsi croyons-nous chaque fois avoir trouvé le remède miracle et définitif.

Mais, chaque fois, les parasites trouvent une parade.

Car leur volonté de vivre vaut bien la nôtre.

Et, à l'image des insectes, la brièveté de leur existence se trouve largement compensée par ce formidable génie de l'adaptation.

Cambodge, le champion du monde des résistances

Pour quelles raisons le Cambodge détient-il la triste palme de l'endroit du monde où les médicaments sont le plus inefficaces ?

Concernant la résistance des bactéries aux antibiotiques, l'explication est simple : des habitudes contraires à la raison.

Dans ce pays, les antibiotiques sont en vente libre, sans aucune prescription obligatoire par un médecin. N'importe qui, se sentant mal, entre dans une pharmacie et en ressort avec autant de pilules que son budget lui permet. Sitôt son stock épuisé, ou sitôt un mieux constaté, on arrête son traitement. Aucun comportement humain n'est ainsi plus favorable au développement de résistances chez les bactéries.

En ce qui concerne la résistance des parasites aux divers traitements, le mystère demeure.

Pourquoi, alors que le paludisme n'y est pas plus fréquent qu'ailleurs, bien moins présent qu'en Afrique par exemple, pourquoi ce pays est-il toujours à l'avant-garde des résistances ?

Un exemple : la chloroquine. Créée en 1930, cette molécule de synthèse est utilisée à grande échelle avec de formidables résultats sur tous les continents. Mais, bientôt, des résistances aux traitements apparaissent dans certaines régions du Cambodge. Résistances qui vont s'étendre à la planète entière, entraînant une recrudescence massive de décès.

Comme nous le savons, le paludisme est causé par la présence d'un parasite, le plasmodium, inoculé dans notre sang par un moustique anophèle.

Cinq espèces de plasmodium peuvent nous infecter. Trois sont assez rares : les *Plasmodium malariae*, *ovale* et *knowlesi*.

Les deux parasites les plus répandus et les plus malveillants sont :

– le *falciparum*, actif en Afrique, Amérique latine, Asie. C'est lui qui cause le plus de morts.

– le *vivax* (Asie, Amérique latine, et maintenant en Afrique), moins virulent, entraînant rarement la mort, mais difficile à endiguer complètement. Présent dans le foie, sous une forme dormante, il peut se réveiller à tout moment.

Contre ces fléaux, la quinine et ses dérivés sont toujours utilisés.

Avec les intolérances que l'on connaît, parfois graves.

Et avec des résistances croissantes.

D'où l'idée d'*associer* l'artémisinine avec d'autres antipaludiques.

L'artémisinine ne reste dans le sang que quelques heures. Mais, pendant cette brève période, elle tue beaucoup de parasites. Hélas, sans les exterminer tous. C'est alors qu'intervient la drogue *partenaire*, installée pour plusieurs jours, voire plusieurs semaines dans le sang du patient : elle poursuit et, si tout va bien, achève le travail.

Ces ACT (Artemisin-based Combination Therapies) ont contribué, depuis le début des années 2000, à *diviser par deux* le nombre de décès liés au paludisme (aujourd'hui quatre cent cinquante mille morts annuelles, un million hier).

Toutefois, ces ACT n'ont pas tardé à rencontrer, à leur tour, des résistances. Soit les parasites apprennent à supporter l'artémisinine, soit les drogues partenaires perdent leur efficacité contre les parasites résiduels.

Ces échecs rendent nécessaire l'usage d'antipaludiques anciens, mais encore actifs, telle la quinine, parfois mal tolérée. De nouveaux ACT, plus actifs, ont été découverts, mais ils ne sont pas toujours disponibles.

Ainsi, les autorités de santé se voient contraintes de changer en permanence leurs recommandations de traitement.

Ces résistances accroissent le temps durant lequel les parasites portés par le moustique restent malfaisants. La probabilité d'une transmission augmente d'autant.

Comment dans ces conditions parvenir à se débarrasser du paludisme ?

Même si l'on ne rencontre pas encore d'impasse thérapeutique (tel serait le cas, dramatique, si plus aucun traitement n'était actif), l'invention de nouveaux antipaludiques est urgente.

Les chercheurs du monde entier tentent de comprendre les mécanismes de ces résistances.

À l'Institut Pasteur de Phnom Penh, par exemple, le docteur Benoît Witkowski analyse l'interaction entre les résistances des moustiques aux insecticides et le développement du plasmodium chez son hôte, le moustique. Lorsqu'un moustique devient résistant, le parasite qu'il héberge va-t-il se développer mieux, se multiplier plus, se propager plus vite ? Tel est l'objet de sa thèse, qui s'annonce passionnante.

II

VACCINER LES HUMAINS

Comment déjouer les ruses du parasite ?

La vaccination consiste à inoculer un microbe rendu inoffensif (par exemple le virus de la grippe, de la rougeole, de la poliomyélite, etc.) afin de stimuler nos mécanismes de défense.

Que se passe-t-il lorsque notre organisme est attaqué par un microbe (virus, bactérie, parasite, cellule cancéreuse...) qu'il ne connaît pas ?

Notre système immunitaire, toujours en alerte maximum, va immédiatement repérer l'intrus.

Une armée de défense, constituée de plusieurs bataillons de globules blancs, chacun avec un rôle précis, s'organise et affûte ses armes.

Dans un premier temps, tout intrus, quel qu'il soit, est avalé et détruit par de grosses cellules, sans discrimination aucune, pour la seule raison qu'il est étranger.

Mais ces grosses cellules nettoyeuses prennent bien soin de garder la carte d'identité de l'agresseur, qu'elles s'empressent d'aller présenter à d'autres globules blancs, les lymphocytes.

On passe maintenant à une réponse non plus aveugle, mais spécifique. Pour ce faire, les lymphocytes déploient deux stratégies : la mise hors d'état de nuire et la destruction.

Dès qu'ils prennent connaissance de l'identité de l'agresseur, un premier bataillon de lymphocytes va produire en masse une arme capable de le neutraliser.

Dans le même temps, un autre bataillon se transforme en cellules tueuses, dont la cible est cet agresseur-là.

La fiche de l'agresseur sera gardée en mémoire.

En cas de nouvelle attaque, il sera aussitôt reconnu par les cellules de la mémoire immunitaire.

La défense répondra du tac au tac, en reprenant la production de masse des anticorps pour le neutraliser, en envoyant ses cellules tueuses et en renforçant son stock de cellules mémoire.

À chaque fois que l'intrus se représentera, le même arsenal de défense se mettra en place avec une efficacité chaque fois améliorée.

Malheureusement, certains germes, sitôt inhalés, ingérés, injectés, ou installés dans une plaie, commencent leur travail de nuisance parfois jusqu'à la mort, bien avant que notre organisme ait eu le temps de réagir efficacement.

Alors, l'infection se déclare et c'est chacun pour soi. Du germe qui assaille ou de l'individu qui résiste, l'issue du combat dépend du germe en cause, bien sûr. Mais aussi de l'âge du malade (est-il un bébé, un vieillard ?), de ses conditions de vie (est-il malnutri ?), de son état immunitaire (certaines maladies diminuent les défenses immunitaires, comme le sida, certains traitements aussi).

À l'issue du combat, ce peut être la guérison, mais avec parfois de lourdes séquelles. Et, pour certains, la mort.

Pourquoi la vaccination ?

Parce que nous vivons les uns avec les autres et échangeons de toutes les façons possibles : nous voyageons, nous aimons ; les occasions de rencontrer, individuellement ou lors d'une épidémie, les germes responsables de maladies plus ou moins graves, sont une menace permanente.

La stratégie de la vaccination est d'éviter que la maladie se déclare après l'intrusion de son agent (virus, bactérie, champignon...) ou, si c'est déjà le cas, de mieux la combattre.

Son principe est de préparer les bonnes armes, les bons anticorps, pour que la réponse immunitaire soit la plus rapide et la plus efficace possible quand nous serons confrontés à l'agent d'une maladie grave.

Cette fois encore, il suffit d'imiter la nature.

Pour fabriquer un vaccin, il faut d'abord sélectionner le microbe dont on veut se protéger.

On peut l'utiliser, vivant, atténué, tué, n'en prendre que des fragments, ou bien encore le fabriquer par génie génétique.

Le défi est d'utiliser un antigène, autrement dit une substance agressante, suffisamment efficace pour provoquer une bonne réponse immunitaire, mais suffisamment traitée pour ne pas provoquer la maladie au moment de la vaccination.

Une fois l'antigène inoculé, le processus est le même que lors d'une infection naturelle. Les cellules du système immunitaire vont produire des anticorps « sur mesure » qui vont détruire cet antigène. Et, puisque l'agresseur est fiché, des anticorps pourront immédiatement riposter à la prochaine invasion.

L'agresseur sera éliminé avant même d'avoir pu exercer son pouvoir de nuisance.

Pourquoi jusqu'à ce jour, et malgré des décennies de recherche, est-ce si difficile de produire un vaccin contre le paludisme ?

Lorsqu'un malade est atteint par cette maladie, on ne retrouve pas dans son sang d'anticorps dirigés contre le parasite *Plasmodium falciparum*. Et s'il guérit, son organisme ne garde aucun souvenir de ce parasite. *Notre système immunitaire est impuissant car amnésique*. Comme si quelque chose, un gène, l'empêchait de réagir.

Parmi les nombreux projets de vaccin antipaludique, un seul a obtenu en 2015 un avis réglementaire favorable de l'Agence européenne du médicament.

Ce vaccin, au nom cabalistique de RTS, S/ASO1, est un hybride. Puisque l'infection par le *P. falciparum* n'entraîne pas de réponse immunitaire, on va utiliser un stratagème.

On extrait la région du parasite, qui normalement induit une réponse immunitaire, et on la fusionne avec l'antigène de l'hépatite B.

On obtient une particule de type viral. Grâce à l'antigène de l'hépatite B qui la porte, une réaction immunitaire devient possible. Ce vaccin doit encore subir de nombreuses vérifications avant d'être autorisé sur le marché.

Depuis la nuit des temps, le parasite – lui aussi ! et avec quel génie ! – s'est adapté pour survivre.

Il a appris à brouiller les pistes, ou plutôt à brouiller notre système immunitaire, et a inscrit la méthode dans son ADN.

Des chercheurs du MiVEGEC (Montpellier) travaillent à l'identification de ces gènes de brouillage. Pour cela, les ciseaux moléculaires (Crispr-Cas9) est un outil prometteur.

On espère pouvoir ainsi comprendre les manœuvres que le *Plasmodium falciparum* a inventées pour se jouer de nos défenses.

Un vaccin est en expérimentation à l'Institut Pasteur. Les chercheurs ont identifié un gène du parasite *Plasmodium* qui empêche la réponse immunitaire. Ils ont supprimé ce gène. En injectant le parasite ainsi modifié à des souris, ils ont obtenu une réponse immunitaire : on a eu beau les infecter avec des parasites naturels bien vivants, bien virulents, aucune n'est tombée malade.

On pourrait ainsi utiliser des parasites vivants génétiquement modifiés pour un vaccin durable.

Fièvre jaune, poules allemandes et travailleurs chinois

Depuis le temps que je viens à Dakar, je rêvais de pénétrer dans l'Institut Pasteur, et pas seulement parce que c'est un authentique chef-d'œuvre Art déco.

Une fois la porte franchie, on entre dans un village. Un très studieux et très utile village où près de trois cents personnes travaillent. Un premier laboratoire a été ouvert à Saint-Louis en 1896.

Le chef du village est un géant. Il s'appelle Amadou Alpha Sall. Jean-François Chambon le surnomme, non sans pertinence, le « Teddy Riner des arbovirus ». Mon admiration pour lui ne vient pas de sa haute taille – un mètre quatre-vingt-douze quand même ! –, mais de son pedigree scientifique : brillantes études de biologie moléculaire à Toulouse, Oxford, Columbia ; alternance de travaux dans les labos et de missions sur le terrain ; riche expérience cambodgienne ; nombreuses publications dans les meilleures revues…

Une seule visite de ce très particulier village suffit pour vous convaincre de la justification des mots inscrits sur la façade :

À Pasteur
L'Afrique noire reconnaissante

Ici, outre les analyses médicales (quatre cents patients par jour), on « archive » les insectes et les virus (dont ceux qui ont été capturés au PK10). J'ai pu consulter la liste, longue et tout à fait terrifiante, de toutes les souches conservées : je vous souhaite de ne jamais nouer une relation intime avec l'alpha virus Zingilamô, ni avec le flavivirus Bouboui, ni avec les bunyavirus Buttonwillow, Olifantsvlei, Dabakala, ni avec les nairovirus Soldadô ou Thiafora… Et je ne vous parle pas des rhabdovirus. Je vous fais grâce des orthomyxovirus, des arenavirus, des poxvirus…

Dans ce village, on s'intéresse aussi aux bactéries, aux processus immunitaires, aux formes les plus pernicieuses de la grippe, aux soins de la mère et de l'enfant, à l'émergence des épidémies… Ici, on a mobilisé les forces contre la terrible fièvre Ebola en Guinée (2014 /2016), mais aussi contre la dengue au Cap-Vert (2015/2016), contre la fièvre jaune en République démocratique du Congo et en Angola (2015/2016), contre la fièvre de la vallée du Rift au Niger (2016), contre le Zika au Mexique et au Brésil (2015/2016).

Ici, on a inventé des valises-kits qui permettent d'établir des diagnostics sur le terrain et en moins de quinze minutes. Ici se trouve l'un des trois lieux dans le monde où l'on fabrique des vaccins contre la fièvre jaune.

Je vous le disais : un village très actif !

Le virus de la fièvre jaune, maladie toujours redoutable (encore vingt-sept mille morts l'année dernière), a été isolé en 1927. Un premier vaccin a été mis au point dix ans plus tard. Certes, il a permis de faire reculer le fléau, mais certaines complications neurologiques ayant été constatées, on a cessé de développer les souches de virus sur des cerveaux de souriceaux. Une autre méthode a été validée en 1983. Depuis, elle prouve son efficacité, sans complication ni effets secondaires.

De l'autre côté de la vitre, trois silhouettes en combinaison bleue s'affairent autour de plateaux d'œufs. C'est en effet dans des œufs de poules que sont désormais cultivées les souches. Mais ce ne sont pas des œufs ordinaires. Il faut que, de *toute* leur existence, ils ne soient *jamais* entrés en contact avec *le moindre microbe*. D'où des conditions d'élevage draconiennes que seules des entreprises hautement spécialisées peuvent garantir… avec des coûts en conséquence.

Jusqu'à une date récente, une ferme sénégalaise pouvait fournir ces œufs. Mais, les normes s'étant renforcées, Pasteur n'a eu d'autre choix que d'acheter ses œufs à une société… allemande, située à Bremenhaven, dans le Land de Brême en Allemagne. Pour un tarif exorbitant : près de deux euros l'œuf (livré à Dakar). Ce sont donc des poules allemandes qui sont les agents principaux de la lutte contre la fièvre jaune.

Jusqu'à présent, l'empire du Milieu n'avait pas souffert de cette maladie. Et puis, un jour, onze Chinois, qui travaillaient sur un chantier en Angola, sont infectés. Angoisse générale. Que se passerait-il si une épidémie se déclenchait en Chine ? Pour avoir une chance d'y mettre fin, combien de centaines de millions de personnes devraient-elles être vaccinées alors que, déjà, le nombre de doses disponibles dans le monde est très insuffisant ?

Pour contribuer à la réduction de ce manque de produit, l'Institut Pasteur de Dakar vient de poser la première pierre d'une nouvelle usine : celle-ci permettra de tripler la production. C'est-à-dire de vacciner quinze millions de personnes.

Le site choisi pour cette usine est l'exemple le plus parfait de la mondialisation médicale : au cœur de la commune de Diamniadio, à moins de dix kilomètres du futur aéroport. En effet, c'est par avion qu'arrivent les œufs. Mieux vaut réduire, autant que faire se peut, la chaîne du froid.

Géopolitique des moustiques, donc, mais aussi géopolitique des poules et des mouvements de travailleurs.

*

* *

Durant la Seconde Guerre mondiale, les Anglais redoutaient l'inventivité meurtrière de l'envahisseur japonais. Une rumeur courait selon laquelle l'ennemi nippon aurait déversé des vagues de moustiques contaminés par la fièvre jaune. Pour en avoir le cœur net, les autorités britanniques prélevèrent le sang de tous leurs prisonniers japonais. La présence d'anticorps prouverait qu'ils avaient été vaccinés… et donc qu'une offensive bactériologique se préparait.

Les tests se révélèrent négatifs. On sait que les Japonais continuèrent leurs recherches, même s'ils n'eurent pas le temps, avant Hiroshima et Nagasaki, de mettre en œuvre leur projet d'épidémie.

Ne soyons pas naïfs. L'empire du Soleil-Levant n'est pas le seul pays à rêver de mobiliser les insectes à des fins destructrices. L'entomologie, comme toute autre activité humaine, possède ses Mr Hyde.

III

LES EMPÊCHER D'APPROCHER

Répulsifs

Rares sont les hôpitaux attrayants.

Mais les abords de Bichat, dans le nord de Paris, remportent la palme du sinistre : saleté des trottoirs, grisaille des rampes en béton décrépi, vitres noires ou marronnasses, bref, l'architecture désastreuse des années 1970... Rien qui donne envie de continuer à vivre. Pour gagner le centre universitaire, il faut s'engager, en retenant ses sanglots, dans un couloir de service qui louvoie entre des gravats de travaux qu'on devine éternels. M'a-t-on contraint à un tel parcours pour me donner une première leçon ? À lieux répulsifs, traitement répulsif... Les voies de la pédagogie française sont impénétrables. Enfin, punaisée sur un panneau, une feuille de papier A4 vous redonne quelque goût à l'existence.

Diplôme interuniversitaire
« Médecine des voyages
Santé des voyageurs »
Du lundi 14 au vendredi 18 novembre
Professeur Olivier Bouchaud
Salle 118

C'est là que donne cours le docteur Eric Lundwall, l'un des créateurs d'une des entreprises les plus florissantes de répulsifs, notamment au Brésil : Tropical Concept. L'inventeur d'un tel nom ne peut être écouté qu'avec attention et, d'emblée, fraternité.

Je me glisse parmi les étudiants, majoritairement des étudiantes. Confirmation de la mauvaise santé de la carrière médicale. Le théorème ne trompe jamais : lorsque dans une profession s'élève le taux de femmes, c'est que s'est abaissé le niveau des revenus.

J'ouvre mon carnet jaune et toutes grandes mes oreilles.

Et j'apprends d'abord à préciser les termes.

Un insecticide est un produit qui, comme son nom l'indique, tue (les insectes). En langue anglaise, la formule est plus imagée. On le définit comme capable d'un *knock down effect*. Par ailleurs, son action touche un grand nombre de petites bêtes : il agit en masse. C'est la raison pour laquelle il est considéré avec respect par tous les acteurs de la santé publique.

Le répulsif n'a pas ce noble statut. On le voit trop souvent comme un simple auxiliaire du confort personnel. Et sa définition la plus connue respire l'humilité : « Une surface est dite répulsive si les insectes y passent moins de temps qu'ailleurs et en moins grand nombre » (J. S. Kennedy, 1947).

En fait, la distinction entre les deux catégories est moins évidente qu'il ne semble. Car, en plus de l'effet *knock down*, le moustique en subit un autre, appelé « excito-répulsif ». Entrant dans une pièce dont les murs ont été aspergés d'insecticide, ses antennes détectent une odeur insupportable, et il s'en va. C'est la raison pour laquelle il faut « imprégner » les moustiquaires. Les moustiques s'en détournent, au lieu de rôder tout autour, attirés par l'odeur du dormeur et n'ayant qu'à attendre tranquillement pour le piquer qu'il soit contraint d'aller soulager sa vessie.

Pour avoir navigué durant l'été en Alaska, je peux vous dire que la concentration de moustiques y est insupportable. C'est donc là que l'armée américaine, durant le début des années 1950, a testé l'efficacité de plus de dix mille combinaisons de toutes les molécules possibles. Il faut dire que les soldats y pullulaient, à cette époque de guerre quasi chaude avec l'Union soviétique, juste de l'autre côté du détroit de Behring. Une fois de plus, les militaires allaient faire progresser la santé. Quand je pense qu'on les accuse de ne penser qu'à occire !

De ces recherches sont nés la plupart des répulsifs aujourd'hui utilisés. Sachez, pour votre culture personnelle, mais aussi pour exercer votre mémoire et impressionner vos amis piqués à qui mieux mieux lors de ces insupportables dîners estivaux en Camargue, qu'ils sont au nombre de quatre : le DEET, l'IR3535, le KBR 3023 (aussi appelé icaridine) et le PDM. Seulement quatre ? vous demanderez-vous. Mais quatre, c'est déjà beaucoup, vous répondra le docteur Lundwall. Car quatre, ce sont quatre modes d'action différents. Autant d'obstacles à de possibles résistances.

Généralement, c'est le DEET qui se montre le plus efficace. Appliquez-le sur votre bras. Il vous protégera en moyenne quatre cent vingt-six minutes contre l'attaque des moustiques-tigres, contre moins de cent pour les produits concurrents.

Peut-on en tirer pour autant la conclusion qu'avec le DEET on a trouvé *le* rempart ? Vous connaissez maintenant l'ingéniosité de dame Nature pour deviner qu'il n'en est rien. Le DEET protège très peu de temps contre d'autres espèces, dont beaucoup sont des anophèles.

D'innombrables autres tests, impliquant des milliers et des milliers de cobayes humains plus ou moins volontaires (beaucoup étaient des soldats), plus ou moins dénudés et tous offerts à l'appétit des moustiques, ont montré :

1) qu'aucune protection n'est absolue ;
2) que la protection d'un répulsif diminue d'un minimum de dix fois le risque d'être piqué ;
3) qu'il ne faut pas lésiner sur la dose : un répulsif n'est pas un parfum ; deux-trois gouttes derrière l'oreille ne suffisent pas. D'autant qu'il perd beaucoup de son efficacité au-delà de quatre centimètres : une application sur une joue ne protège pas l'autre. C'est la raison pour laquelle les bracelets qu'on vous propose sont de simples escroqueries ;
4) que la durée de la protection diminue assez vite avec le temps : six heures après le traite-

ment, vous avez déjà perdu la moitié de son effet ;

5) que, dans une pièce, la durée de la protection dépend de la chaleur : dix heures à vingt-six degrés, deux heures à deux degrés ;
6) qu'aucune publication sérieuse n'établit la toxicité des répulsifs, même sur la peau de bébés de deux mois ;
7) que les vêtements aussi peuvent être traités avec des répulsifs, et avec grande efficacité. Souvent meilleure que celle offerte par les répulsifs sur la peau. L'exemple des soldats américains engagés en Somalie montre une efficacité deux fois et demie supérieure contre le paludisme. Et n'ayez pas peur de nettoyer vos chemises et vos pantalons : ils gardent intact leur pouvoir d'écarter les moustiques après trois lavages. Seul leur *knock down effect* s'atténue fortement ;
8) que ce traitement des vêtements est ainsi plus pratique, car son efficacité plus durable : pas besoin de s'étaler sur la peau du produit toutes les deux heures ;
9) que la combinaison d'un double traitement, peau et vêtements, assure la meilleure des protections ;
10) que la dengue est particulièrement habile pour franchir toutes les barrières.

Et c'est ainsi que, sous les applaudissements, le docteur Lundwall conclut son exposé : n'oubliez pas que, dans la vie, on n'a aucun moyen d'être protégé de tout. Pour avoir des chances de survivre, il vaut mieux combiner toutes les défenses. Cela dit, bon voyage !

Une grande brune pose *la* question, celle que tout le monde attend :

« Moi, je suis tout le temps piquée. Mon copain jamais. Y a-t-il des peaux à moustiques ?

– Oui !

– Et sait-on l'expliquer ?

– Non. Le mystère reste entier. Question d'odeurs. La saleté n'arrange rien, bien sûr. Mais comme vous semblez d'une hygiène parfaite, vous devez avoir un parfum personnel qui les attire. Félicitations ! »

À ma gauche, une des étudiantes me jetait depuis un certain temps des regards étonnés. À l'évidence, mon âge devait l'intriguer. Elle finit par se lancer :

« Vous êtes entomologiste ? »

Je lui réponds par la négative. En ajoutant : « Hélas, car cette discipline me passionne de plus en plus. » La jeune fille soupire.

« C'est comme moi ! Je suis interne en parasitologie. Et je ne trouve aucune, vous m'entendez, aucune formation en entomologie médicale. »

Je me souviens alors du maître François Rodhain et de sa même colère, ô combien légitime. Je me promets de me mêler à la campagne !

Qui est piqué ? Le mystère des « peaux à moustiques »

Maintenant que nous savons quels moustiques piquent et pour quelle raison, il intéressera peut-être nos lecteurs d'élucider ce mystère : pourquoi certains et certaines d'entre nous sont-ils « toujours piqués », alors que d'autres ont l'impudence d'être, ou de se croire, toujours épargnés ?

Je voulais, une bonne fois pour toutes, en avoir le cœur net. J'ai posé la question de confiance à Jean-Baptiste Ferré, entomologiste à l'EID, cette Entente interdépartementale qui lutte contre l'ennemi piqueur le long du littoral méditerranéen :

« Oui ou non, existe-t-il des "peaux à moustiques" ? »

La réponse ne s'est pas fait attendre, accompagnée d'un rire qui m'a quelque peu humilié :

« Désolé ! Mais ce genre de peau n'a jamais été répertorié », m'affirme-t-il.

Pourtant, la suite de son raisonnement a vite tempéré le côté péremptoire de sa déclaration.

« Les moustiques sont d'abord attirés par le CO_2. Et certains corps en émettent plus que d'autres. Ainsi les femmes enceintes et les personnes malades : leur peau n'est pas différente, mais leur métabolisme accéléré dégage plus de ce gaz. Sans oublier la chaleur causée par la fièvre. Ensuite, les moustiques sont très sensibles aux odeurs, beaucoup plus que nous. Ils ont des capteurs que nous n'avons pas. Mais, parmi les odeurs, chaque espèce de moustiques aura sa préférence. Elle choisira sa proie en fonction de cette odeur.

– J'ai lu une étude selon laquelle les consommateurs de bière étaient davantage piqués.

– Je confirme. Pour quelle raison ? On ne sait pas vraiment. Soit c'est l'haleine du buveur qui attire dame moustique. Soit, plus probablement, l'alcool accélère la respiration, donc… la production de CO_2.

– Et les enfants, les personnes âgées ? On les dit plus vulnérables.

– Sans doute parce qu'ils se défendent moins bien. Les moustiques vont au plus facile, pour se remplir le ventre au plus vite. La forme des proies peut aussi jouer son rôle. Les moustiques ont de bons yeux. Certaines espèces attaquent certains animaux et pas les autres. Vous voyez que la réponse est complexe.

– Avant-dernière question : les diabétiques sont-ils plus piqués ?

– Aucunement ! Le taux de sucre dans votre sang n'a aucune influence sur votre odeur. Pas plus que votre groupe sanguin.

– Cette fois, c'est la dernière question : si je veux mettre toutes les chances de mon côté, dois-je me laver soigneusement et régulièrement ? Ou, posée différemment : les dégoûtants sont-ils punis de leur saleté ?

– Certains moustiques adorent plus que tout le parfum de certains savons. »

Alors, me faisant, j'en suis sûr, l'interprète de vous tous, lecteur, lectrice, je me suis exclamé :

« Vous savez qu'à force de ne jamais fournir de certitudes, certains scientifiques sont désespérants ? »

IV

ÉRADIQUER OU CONTRÔLER ?

Gallipoli

Ignoré des Français, ce nom, pour les Australiens, a le même goût de mort que Verdun pour nous.

Il s'agit d'une petite ville où la Turquie, alliée de l'Allemagne, avait concentré ses troupes pour défendre le détroit des Dardanelles que les Français et les Britanniques voulaient forcer pour apporter des renforts à leur amie la Russie.

Avant l'assaut du 25 avril 1915, l'Angleterre avait recruté partout au sein du Commonwealth, et notamment en Nouvelle-Zélande et en Australie. Cette seule bataille coûta plus de dix mille morts.

Winston Churchill dut démissionner : en tant que premier lord de l'Amirauté, il portait de l'échec allié une lourde responsabilité. Et Mustafa Kemal, qui dirigeait la victorieuse armée turque, monta vers le pouvoir.

N'oublions pas la Somme, ni Verdun, ni le Chemin des Dames. Mais la guerre de 1914-1918 s'est aussi déroulée là, dans cet extrême-nord-est de la Grèce. Trois années durant, plus d'un million d'hommes vont se faire face, alternant combats d'une violence extrême et longues périodes d'attente.

Chaque été, les moustiques reviennent. Et, avec eux, le paludisme, qui n'était pas loin de frapper la moitié des soldats.

Les haut gradés des deux camps sont à bout. Comment faire la guerre avec des troupes déjà mortes ou mourantes avant même d'affronter le feu de l'ennemi ? Parmi les Français, déjà vingt mille fiévreux doivent être évacués !

C'est alors qu'interviennent les deux frères Sergent[1].

Ils sont nés en Algérie, Edmond en 1876, Étienne deux ans plus tard. C'est à l'Institut Pasteur de Paris qu'ils viennent finir leurs études. Émile Roux, le directeur, les remarque, les engage comme assistants et, sans tarder, les renvoie dans leur pays, où le paludisme fait des ravages. Quinze ans durant, ils vont lutter contre les moustiques, dont Laveran vient de découvrir le parasite, cause de la maladie.

Janvier 1916, le gouvernement français commence enfin à s'inquiéter de l'hécatombe qui frappe l'armée d'Orient. Les deux frères, considérés comme les meilleurs spécialistes, sont envoyés sur place par un certain Justin Godart, sous-secrétaire d'État à la Guerre.

1. Annick Perrot, Maxime Schwartz, *Le Génie de Pasteur au secours des poilus*, Paris, Odile Jacob, 2016.

À Salonique, ils trouvent une situation sanitaire dramatique et des gradés goguenards. À quoi vont servir ces petites pilules que Paris nous envoie ? Et ces moustiquaires, si peu pratiques ? Mieux vaut les tailler d'une large fente pour pouvoir y entrer plus facilement !...

Colère des frères Sergent : « Votre santé est précieuse et ne vous appartient pas ! Combien de vos camarades sont tombés depuis deux ans ? En ne vous soignant pas, vous devenez des déserteurs ! »

Un plan est lancé, aussitôt mis en œuvre.

1) Quarante centigrammes de quinine chaque soir dans la soupe, avec contrôle aléatoire des urines pour vérifier les contrevenants.
2) Repérage, dans toute la région, des sites favoris des moustiques pour éviter d'y envoyer les troupes et destruction des larves.
3) Protection par des grillages ou des moustiquaires (fermées !) de tous les lieux de séjour.
4) Campagne d'information générale. Affiches, tracts, et dix cartes postales dessinées par les illustrateurs les plus connus de l'époque, dont Benjamin Rabier, le père de La vache qui rit. Sur le thème commun « Le Moustique, voilà l'ennemi ! », chacun s'en donne à cœur joie. Et les bouts rimés qui les accompagnent ne manquent pas de sauver.

« *Chaque jour en avaleras (de la quinine), de fait et volontairement* »

« *Au toubib tu démontreras que tu l'as prise sagement.* »

Le résultat récompense l'ardeur des Sergent et désarme les ricaneurs.

Durant l'année qui suit le plan, en 1917, le paludisme frappe trois fois moins les soldats français que leurs camarades anglais, pourtant d'un tiers moins nombreux. On saura plus tard que, cet été-là, les armées allemandes souffriront de fièvres comme jamais. Impossible dans ces conditions de percer une bonne fois le front allié, comme il était prévu.

Sans le double renfort des moustiques et des deux frères Sergent, peut-être que la victoire en 1918 aurait changé de camp.

Il était une fois un insecticide

Le DDT, l'insecticide le plus connu de toute l'histoire et le plus condamné, ne date pas d'aujourd'hui. C'est en 1874, à Strasbourg, dans l'Alsace occupée par les Allemands depuis la défaite française de 1870, qu'un jeune chercheur autrichien le découvre. Il s'appelle Othmar Zeidler.

En fait, c'est un produit nouveau qu'il a créé, le dichlorodiphényltrichloroéthane, mais il a beau faire, il n'en voit pas l'utilité.

Il faut attendre plus de soixante ans pour qu'un autre chercheur donne toute sa valeur à cette découverte. Il s'appelle Paul Hermann Müller et travaille pour la société suisse Geigy, qui veut proposer un produit capable de tuer les mites. L'idée vient à Müller d'utiliser ce DDT. Les mites n'y résistent pas, les doryphores (ces ravageurs de pommes de terre) non plus. Geigy devine qu'elle tient là un pactole. Nous sommes en 1939. La guerre éclate. Suisse, c'est-à-dire neutre et réaliste, Geigy dépose les brevets nécessaires et propose aux deux camps sa trouvaille. Immédiatement, les Américains l'achètent en masse pour débarrasser leurs armées de tous ces poux dont les piqûres non seulement démangent, mais transmettent des maladies graves, tel le typhus. Tout de suite, le DDT prouve sa miraculeuse efficacité. Et comme sa production ne coûte pas grand-chose, pourquoi s'en priver ? Partout où ils passent, Asie puis Europe, les Américains déversent du DDT. Les poux succombent, mais aussi les moustiques. Le paludisme recule, puis disparaît, de même que toutes les maladies transmises par ces vecteurs.

Une fois la paix revenue, l'utilisation du DDT ne connaît plus de limites. Partout on pulvérise, partout on inonde. Notamment dans les champs où l'agriculture se modernise. Pourquoi se laisser importuner par ces odieux insectes qui empêchent les plantes de faire docilement leur travail de plantes : produire, produire toujours plus ? Mais la santé n'est pas oubliée. Le DDT continue d'occire les moustiques, quel que soit le continent où ils ont choisi de mener leurs activités suceuses et malfaisantes. Et partout, les résultats tiennent de la magie. Un exemple : le Sri Lanka. Le nombre de malades s'approchait des trois millions, avec sept mille trois cents décès chaque année. Après avoir traité tous les sites larvaires et un grand nombre d'habitations, ce chiffre descend à... dix-sept cas et aucun décès.

L'Organisation mondiale de la santé est à la manœuvre. En 1955, un programme d'éradication du paludisme est lancé. Comme on pouvait s'y attendre, son arme principale est le DDT.

Bref, la chimie devient la meilleure amie de l'homme. Pourvu d'un tel renfort, comment ne pas envisager l'avenir avec confiance ?

Certaines voix se lèvent, çà et là, tempérant cet enthousiasme. Certains moustiques auraient l'audace de résister à l'aspersion et il semblerait que certains animaux domestiques ressentent quelques troubles depuis quelque temps.

Personne ne prête attention à ces alertes. Pourquoi gâcher l'optimiste général ?

Éclate alors une bombe. C'est un livre.

Rachel Louise Carson est bien oubliée aujourd'hui.

Née à Pittsburgh en 1907, elle se passionne pour la zoologie et notamment la zoologie marine. D'abord biologiste au Bureau des pêches, elle choisit vite une orientation professionnelle qui ne peut avoir que notre sympathie : raconter la mer. La mer, ses mécanismes, ses habitants, son utilité et sa fragilité. Premier best-seller : *Cette mer qui nous entoure*. Un titre, d'ailleurs, qui pourrait parler de la France : n'avons-nous pas le deuxième littoral du monde ? D'autres livres suivent, toujours sur le même thème et toujours avec le même succès.

Peu à peu, Rachel Louise Carson change de ton et devient de plus en plus virulente. Elle décide de s'attaquer aux progrès de la chimie. En 1962 paraît *Silent Spring*, « Printemps silencieux », bientôt traduit dans toutes les langues possibles. Pourquoi le printemps est-il devenu silencieux ? Parce que les oiseaux n'en chantent plus l'arrivée. Tout simplement parce qu'ils sont morts. De quoi sont-ils morts ? Des insecticides de synthèse et, d'abord et surtout, du... DDT.

Sitôt cette parution, l'émotion monte et s'étend.

Comment a-t-on pu nous cacher l'envers du « miracle DDT » ?

La bataille qui va suivre est passionnante.

ACTE I

Suite au livre de Mme Carson, des observations se multiplient. Ici, ce sont des poissons retrouvés morts après des pulvérisations de DDT sur la surface d'un étang. Un peu partout, on constate que, depuis l'utilisation de l'insecticide, les oiseaux se font plus rares, surtout les rapaces, parmi ceux-ci l'aigle, figure emblématique des États-Unis. Des associations se créent, toutes demandent l'interdiction du produit. Les scientifiques confirment que le DDT est un poison qui se concentre d'autant plus qu'on avance dans la chaîne alimentaire. C'est pour cela qu'il agresse surtout les prédateurs, par exemple les rapaces. En outre, il se montre particulièrement nocif pour la plupart des espèces aquatiques. Enfin, il est prouvé que c'est « un polluant organique persistant » : sa durée de malfaisance peut atteindre quinze ans dans les sols et plusieurs dizaines de jours dans les cours d'eau. L'affaire est entendue. Dès 1970, la Suède et la Norvège prohibent le produit miracle. Tous les autres pays vont suivre.

L'interdiction est confirmée par la convention de Stockholm, le 22 mai 2001 : cent cinquante-huit pays signent son arrêt de mort.

C'est sans doute la première fois dans l'histoire que des préoccupations environnementales sont prises en compte par la communauté internationale, et l'obligent à changer de pratique.

Radicalement et sans attendre.

ACTE II

Suite à ces interdictions, les moustiques reviennent de plus belle et leur cortège de maladies.

Le paludisme dans leur sillage. Et si le DDT était moins dangereux que le refus du DDT ?

Le débat est lancé, d'une violence inouïe. Les environnementalistes sont accusés de meurtres, de millions de meurtres : toutes ces personnes qui ne seraient pas mortes si on avait pu, grâce au DDT, continuer d'éliminer les moustiques.

On n'est pas étonné d'apprendre que les industriels du tabac participent activement à cette campagne contre les défenseurs des milieux naturels. Tout affaiblissement des ONG est bon à saisir. En 2012, Noami Oreskes et Erik Conway, les auteurs américains du livre *Les Marchands de doute*, ont bien décrit le mécanisme. Pour le DDT, comme pour le tabac, comme pour le dérèglement climatique, les industriels directement intéressés jettent le doute sur les conclusions des scientifiques. Rien de plus simple et de plus malhonnête que leur argumentation : puisque rien n'est certain, continuons (de vendre nos produits) comme avant.

ACTE III

S'ouvre alors une autre ligne de front. Le DDT ne serait pas seulement ravageur, il deviendrait rapidement inefficace. Car les moustiques ne subissent pas sans réagir l'assaut de la chimie : ils développent vite des résistances. Cette très mauvaise nouvelle est partout constatée, notamment en Afrique tropicale :

soixante-quatre pour cent de moustiques résistants en 2001, quatre-vingt-onze pour cent en 2014. Voilà le plus inquiétant dans cette mauvaise nouvelle : la progression des résistances. On croyait pouvoir un jour et pour toujours *éradiquer* notre planète de *tous* ses moustiques. De même, une fois inventés les antibiotiques, on avait eu la certitude d'en avoir fini une bonne fois pour toutes avec les maladies infectieuses. Naïve espérance ! Imbécile ambition ! Rien n'est jamais acquis. Telle est la loi de la vie. Les espèces vivantes (dont, pour notre malchance, les espèces nuisibles) s'adaptent en permanence et trouvent toujours le moyen de se préserver.

*

*   *

Quel bilan ?

1) Les moustiques n'ont pas disparu ; ils auraient même plutôt tendance à se multiplier et à étendre, profitant du réchauffement général, leur terrain de jeux malfaisants.

2) Les maladies dont ils nous font cadeau se répandent.

3) Le DDT ne peut plus rien nous cacher. Toutes les personnes de bonne foi savent désormais :

- qu'il est nocif, durablement nocif pour l'environnement ;
- qu'il est, potentiellement, dangereux pour la santé humaine ;
- qu'il rencontre de plus en plus de résistance chez les insectes qu'il est censé occire.

4) Cependant, il reste efficace. Et, aujourd'hui, aucun produit n'a pu le remplacer, aussi peu cher, aussi facile d'utilisation. Si bien que tout arrêt du recours au DDT est suivi d'une résurgence des maladies liées aux moustiques.

5) En conséquence, l'Organisation mondiale de la santé, qui, d'ailleurs, a toujours continué d'accepter le recours au DDT pour des raisons médicales, recommande aujourd'hui son utilisation, mais seulement en cas d'épidémie. Et seulement à l'intérieur des maisons. Ainsi, en pulvérisant les murs et les sols, on n'agresse pas l'environnement, et on peut diminuer de quatre-vingt-dix pour cent le risque de paludisme.

L'histoire du DDT est particulièrement éclairante. La géopolitique des moustiques, c'est aussi la géopolitique des guerres menées contre les moustiques et... la géopolitique des batailles concernant les méthodes pour tuer les moustiques.

Une côte maudite

Depuis la nuit des temps, les rivages méditerranéens entre Marseille et Cerbère, la frontière espagnole, sont redoutés : on y vit deux fois moins longtemps que dans le reste de la France. C'est un « pays de fièvres ». Tout le monde sait qu'il faut en rendre responsables les moustiques. Ils pullulent à leur aise dans cette suite de lagunes et de marais. Et, régulièrement, de terribles épidémies s'y déclenchent. Comme en 1917, lorsque sont hospitalisés à Montpellier les blessés de l'armée d'Orient. Comme en 1939, lorsque arrivent en masse les réfugiés de la guerre civile espagnole ; ou en 1943, lorsque viennent de Libye se reposer des régiments de l'Afrika Korps.

Beaucoup de ces soldats avaient été touchés par le paludisme. En les piquant, les moustiques locaux ingéraient le *falciparum*. Et comme les moustiques contaminés avaient besoin de piquer à leur tour... l'ensemble de la population tombait progressivement malade.

Longtemps cette côte est restée en jachère, sur une étendue de trente kilomètres. Qui voudrait y passer ses vacances ? L'hôtellerie espagnole profite de la situation. C'est elle qui va capter tous les touristes amoureux du soleil de la Méditerranée.

Il faut attendre 1958 pour une mobilisation générale. Les conseils départementaux de l'Hérault, du Gard et des Bouches-du-Rhône, bientôt rejoints par l'Aude et les Pyrénées-Orientales, décident de mettre en valeur leurs plages. Une mission est créée, qui prend vite le nom de celui qui va s'y donner corps et âme, un haut fonctionnaire de légende : Pierre Racine (créateur de l'École nationale d'administration, plus tard directeur de cabinet du Premier ministre Michel Debré). À l'évidence, un préalable s'impose : se débarrasser des sales petites bêtes qui pourrissent l'atmosphère. Ainsi naît l' « Entente interdépartementale pour la démoustication du littoral méditerranéen » (EID).

Dans un premier temps, renfort chimique à la rescousse, on était parti pour « éradiquer ». On révisa vite l'ambition à la baisse. Il ne s'agira plus que de « contrôler » pour parvenir à une situation « tolérable ». Trois espèces de moustiques sont particulièrement ciblées. Deux *Aedes*, le « *caspius* » et le « *detritus* » : ils habitent les zones humides. Et un *Culex*, le *pipiens*, qui préfère la ville. Mais un quatrième ennemi s'est ajouté. Et c'est le plus redoutable, car il peut porter la dengue, le chikungunya, le Zika. Vous avez reconnu le tigre. On l'a repéré à Menton dès 2004. Il venait d'Italie. Depuis, il s'est installé dans trente-trois de nos départements…

L'« Entente », qui connaît son territoire mètre par mètre et flaque par flaque, le moindre repaire de larves, la plus infime villégiature d'adultes, traite chaque année plus de dix mille hectares, deux mille kilomètres de fossés, soixante-quinze mille bouches d'égout.

Et, pour ce faire, elle n'utilise, bien sûr, que les insecticides autorisés par des directives européennes de plus en plus précautionneuses. Les industriels se sont désintéressés de ce marché soumis à trop d'homologations. Ainsi, pour le milieu naturel, *un seul* insecticide est disponible, le Bti (*Bacillus thuringiensis israelensis*). Très sélectif, il tue les larves qui l'avalent. Il est répandu par voie aérienne.

Pour les actions en ville, les produits sont tous à base de pyréthrinoïdes, ces principes actifs présents dans les répulsifs vendus dans le commerce.

Que se passerait-il si ces produits venaient à manquer ?

Contrairement aux rêves de ceux qui pensaient que la « modernité » devrait « quand même » pouvoir nous permettre de nous débarrasser des moustiques « une bonne fois pour toutes », cette campagne doit être *permanente*. Au plus léger relâchement, ils reviennent. En force. Et sans la participation de toute la population (humaine), il ne sera *jamais* possible de limiter les nuisances. Dans un quartier, il suffit d'un seul immeuble mal surveillé, dans un lotissement d'un seul pavillon négligé, pour que nos ennemis s'y établissent et que les efforts de tous soient rendus inutiles. Le moustique nous oblige à la solidarité, et à la vigilance.

Voilà pourquoi les publications, largement distribuées par l'Entente, ressemblent à des manuels pour professionnels du bâtiment. En même temps que vous lisez, vous vous construisez une vraie compétence en la matière, vous découvrez, effaré, à quel point nos chers moustiques nous aiment. Désormais, on le sait, plus que jamais, les moustiques ne peuvent se passer de nous. Ils s'immiscent partout dans nos vies, profitant du plus minime interstice, même le moins ragoûtant, pour y emménager et préparer leurs attaques : les fosses d'aisances, les vides sanitaires, les gouttières bouchées, les caves, les canalisations qui fuient, les pneus et autres encombrants qui traînent dans une cour...

Saluons ainsi les recommandations de l'Entente ! Elles mêlent bon sens et poésie. Par exemple, dans les bassins d'ornement creusés dans vos jardins, s'il vous plaît, n'oubliez pas d'élever des poissons rouges : aucune larve n'échappera à leur voracité. Les guppys du Cambodge ont montré l'exemple.

Une solution : stériliser les mâles !

La lucilie dite « bouchère » porte un nom latin encore plus explicite : *Cochliomyia hominivorax* (dévoreuse d'hommes).

C'est une sorte de mouche décrite pour la première fois par un Français, Jean-Charles Coquerel. En 1857, visitant le bagne de Guyane, il observe les plaies des prisonniers. Contrairement aux asticots, qui se contentent de matières mortes, les larves de cette lucilie dévorent les chairs vivantes. Ces charmantes petites bêtes causent aussi des ravages dans les troupeaux. Il leur suffit d'une petite blessure pour s'y installer et commencer leur repas.

Comment se débarrasser de ce fléau ?

À deux entomologistes américains, Raymond Bushland et Edward Knipling, vient, dans les années 1950, l'idée géniale de stériliser des mouches mâles. La méthode est simple : on les soumet à des rayonnements ionisants.

Il suffit alors de les lâcher en grand nombre dans la nature. Les mouches femelles ne s'accouplant qu'une seule fois, elles ont toutes les chances de tomber sur ce mâle stérile…

Les générations de lucilies deviennent de moins en moins populeuses. Et les animaux ou les humains blessés n'ont bientôt plus à craindre la visite de ces horribles larves dévoreuses.

Cette *technique de l'insecte stérile*, également appelée autocide (les insectes se détruisent eux-mêmes), est, depuis cette découverte, largement utilisée, par exemple pour se défendre contre les mouches à fruits.

Et, un peu partout dans le monde, des usines ont pour seul objet de produire par centaines de millions des mâles stériles.

Des campagnes d'éradication à grande échelle furent ainsi menées par la FAO[1], notamment en Libye. Durant des semaines, sur plus de quatre cent mille kilomètres carrés, on y largua par avion des millions de lucilies mâles stériles.

De nouveau, les chercheurs croyaient avoir trouvé la solution miracle, certes un peu coûteuse et lente, mais radicale. Ils n'avaient oublié qu'une chose : consulter les femelles. Lesquelles, dans beaucoup d'espèces, préfèrent les mâles féconds… Pour renforcer l'attractivité des stériles, on dut leur adjoindre certains parfums…

Globalement efficace pour les mouches, cette technique montra vite ses limites pour les moustiques. Les mâles sortaient quasi détruits des irradiations auxquelles on les avait soumis. Plus aucune femelle n'en voulait ! Il fallait changer la méthode de stérilisation. C'est alors que le génie génétique fut appelé au secours.

Deux découvertes majeures allaient permettre d'avancer : les ciseaux moléculaires et le forçage génétique.

---

1. Organisation des Nations Unies pour l'alimentation et l'agriculture.

Les ciseaux moléculaires

Comme son nom l'indique, le « biomimétisme » imite la nature. Sont rassemblées sous ce mot des innovations tirées de l'observation du vivant. Ainsi, l'idée du *Velcro* est venue de l'observation de plantes dont certains organes sont munis de petits crochets. Ainsi, les Japonais, pour dessiner le nez de leurs trains à grande vitesse (*Shinkansen*), ont pris pour modèle le bec pointu des martins-pêcheurs, inégalables pour pénétrer dans l'eau sans rien perdre de leur vitesse.

De l'observation du vivant est venue aussi l'une des avancées majeures en microbiologie : ce qu'on appelle aujourd'hui les « ciseaux moléculaires ».

On sait depuis longtemps que les bactéries sont, pour la plupart, essentielles au développement de la vie et attaquées en permanence par des virus dits « bactériophages » (ou « phages »), c'est-à-dire « mangeurs de bactéries ». Ces phages s'introduisent dans la cellule et en détournent à leur profit toute la machinerie nécessaire à leur fonctionnement. Cette dernière, piratée, se met à fabriquer, non de nouvelles bactéries, mais... une infinité de virus.

Les bactéries ne sont pas nées de la dernière pluie, mais il y a plus de trois milliards d'années. Elles ont eu le temps d'apprendre à réagir aux agressions.

Voilà une quinzaine d'années, des chercheurs ont découvert leur méthode de défense contre les virus.

La plupart des bactéries meurent de ces attaques. Pourtant certaines réussissent à survivre. Comment l'expliquer ?

À la première attaque, la bactérie capture l'ADN du virus envahisseur et, si l'on peut dire, le range dans ses archives. L'endroit où elle le garde en mémoire s'appelle le CRISPR. C'est une région particulière du chromosome, composée d'une suite de séquences particulières (Clustered Regularly Interspaced Short Palindromic Repeats). En même temps qu'elle catalogue le virus, la bactérie s'y adapte. En d'autres termes, elle s'immunise.

Imaginons maintenant que le même virus se représente à la porte de la bactérie, avec les mêmes intentions belliqueuses. Il est immédiatement reconnu. La bactérie appelle alors à son secours une alliée, une enzyme appelée d'un nom qu'on aurait pu trouver plus évocateur : Cas9. Grâce à l'intervention d'un « guide » qui porte en lui l'empreinte de l'ennemi, cette serviable enzyme est conduite avec une précision infaillible jusqu'au vilain virus, dont elle va détruire l'ADN en deux temps trois mouvements. Au revoir l'intrus ! Finie pour lui l'ambition de se reproduire.

La bactérie est sauvée, prête à repousser un nouvel assaut.

Le 28 juin 2012 paraît, dans la revue américaine *Science*, un article qui fait sensation. Deux jeunes femmes l'ont signé : une, native de Hawaï, Jennifer Doudna, et l'autre, Française, Emmanuelle Charpentier. Depuis quelque temps, l'idée rôdait. Ne pourrait-on pas imiter les mécanismes immunitaires précédemment décrits pour améliorer les techniques d'intervention sur les gènes ? Jennifer et Emmanuelle ont publié les premières. Depuis, une bataille fait rage pour déterminer qui sont les véritables inventeurs de ces ciseaux moléculaires. Les enjeux sont gigantesques, et notamment financiers. Car cette méthode est trois fois révolutionnaire : par sa simplicité, sa rapidité et son faible coût.

Aujourd'hui, les scientifiques savent identifier la fonction de plus en plus de gènes. Certains sont causes de maladies. Pourquoi ne pas les supprimer ?

Rien de plus facile avec la technique CRISPR-Cas9.

On va fabriquer en laboratoire trois éléments.

Lesquels – deux ARN et la fameuse enzyme Cas9 – peuvent être comparés à un rayon laser, un cube de Lego et une paire de ciseaux.

Ensemble, ils forment une arme redoutable qui va être injectée dans le noyau de la cellule.

Un premier ARN joue le rôle du laser : il va balayer tout le génome pour reconnaître la place exacte du gène qu'on veut supprimer.

Sitôt cette cible repérée, un deuxième ARN vient s'apparier (s'emboîter, tel un Lego) à l'ADN de ce gène défectueux.

C'est maintenant à l'enzyme d'agir. Elle sait où couper, elle ne s'en prive pas.

De même, les cibles militaires sont identifiées, puis très précisément situées par géolocalisation. Il ne reste plus qu'à les frapper par des missiles guidés par laser.

On peut ainsi supprimer un gène, et s'en tenir là. On peut aussi le remplacer par un autre. Il suffit d'employer la même méthode.

Nous n'avons pas encore bien mesuré les possibilités, immenses et vertigineuses, de ces techniques. Il ne s'agit de rien de moins que de pouvoir, le plus simplement du monde, manipuler l'ensemble du vivant. En supprimant les gènes défectueux, et/ou en les remplaçant par d'autres gènes, on pourra traiter d'innombrables maladies. Qui le refusera ? On pourra créer des agricultures plus efficaces, des aliments meilleurs pour la santé. Qui s'en plaindra ? En intervenant sur notre patrimoine génétique, on pourra aussi « éditer », c'est-à-dire modifier les humains, voire en fabriquer de nouveaux, plus grands, plus musclés, plus intelligents… Qui l'acceptera ?

Quant aux insectes porteurs de parasites et donc vecteurs de maladies, tels nos chers moustiques, ils sont au premier chef concernés par CRISPR-Cas9. Chez eux aussi, on peut installer des gènes qui les empêcheront de nuire.

Alors intervient une autre technique, application de la précédente, et qui bouleverse tout autant les règles immémoriales du vivant.

En finir avec les moustiques ou les vacciner ?

Grâce à ces ciseaux moléculaires, rien n'est plus facile qu'insérer de nouveaux gènes dans les moustiques.

Certains chercheurs ont choisi une méthode radicale. Comme nous avons désormais les moyens de nous débarrasser de ces petites bêtes malfaisantes, pourquoi s'en priver ?

D'autres, plus prudents, préfèrent la vaccination. On va laisser vivre les moustiques, mais en les empêchant de nuire.

Petit détour par le Brésil.

La ville de Piracicaba (quatre cent mille habitants) est située à cent soixante kilomètres de São Paulo. Sa richesse, longtemps fondée sur l'agriculture (café, canne à sucre), s'est trouvé de nouvelles sources, industrielles (métallurgie, machinisme agricole et, plus récemment, production intensive de biocarburants). Tout irait pour le mieux dans cette cité prospère, sans la rivière qui la traverse. Que ses flots, souvent tumultueux, soient chantés par les poètes locaux, personne ne s'en plaindra. Mais que ces eaux attirent les moustiques, des hordes de moustiques qui gâchent la moindre promenade, qui interdisent les concerts en plein air, qui ôtent tout charme aux rendez-vous amoureux, quand ils ne transmettent pas dengue, chikungunya et Zika, la population gronde.

Sensible à la colère de ses électeurs, la municipalité a décidé d'employer les grands moyens. Elle a proposé à une société anglaise de venir installer sur ses terres une usine d'un genre un peu particulier.

Tout démarre donc en Angleterre, avec deux de ses institutions les plus renommées : l'Imperial College et l'université d'Oxford. Cette dernière crée une société pour commercialiser des produits issus de ses laboratoires (Isis Innovation). C'est ainsi que se développe Oxitec, sous l'impulsion d'un duo de scientifiques, Luke Alphey (passé aussi par l'Imperial College) et Dean Thomas. Des années durant, ils vont travailler pour améliorer la technique de l'« insecte stérile ». Un premier brevet est déposé en 1999. Leur cible est l'*Aedes aegypti*, porteur de divers virus, dont celui de la dengue. Les deux chercheurs parviennent à modifier génétiquement les mâles, de telle sorte qu'ils ne donnent naissance qu'à des enfants moustiques incapables de survivre.

Le processus est d'une grande intelligence. On injecte de l'ADN modifié dans les œufs. Cet ADN ordonne la production d'une protéine capable de bloquer le développement des cellules. En captivité, on fournit aux moustiques issus de ces œufs un antibiotique, la tétracycline, qui empêche la méchante protéine d'agir. Ainsi traités, les moustiques peuvent se développer normalement et se reproduire. Une fois les moustiques relâchés dans la nature, laquelle ne produit pas cette molécule de synthèse qu'est la tétracycline, la protéine retrouve sa capacité de nuisance. Et c'est ainsi que meurent les moustiques. Notons que la descendance de ces mâles, après accouplement avec une femelle sauvage, ne sera pas plus viable.

Quant à la façon de lâcher ces moustiques « modifiés », rien de plus simple pour les projeter hors de leur cage : il suffit d'un ventilateur sans pales et d'une camionnette roulant doucement dans les quartiers infectés.

Cette méthode, presque simple et radicale, ne peut qu'intéresser tous ceux qui vivent dans des zones infestées.

En 2015, pour cent soixante millions de dollars, Oxitec est vendue à la société américaine Intrexon. Une nouvelle équipe de managers en prend les commandes. Pour beaucoup, ce sont d'anciens cadres du producteur de semences (génétiquement modifiées) Syngenta.

C'est à l'automne 2009 qu'Oxitec avait lancé dans l'atmosphère ses premiers moustiques génétiquement modifiés. Une île britannique des Caraïbes avait été choisie pour l'expérience : Grand Cayman. Même si cet essai s'était révélé concluant, avec une réduction rapide du nombre des moustiques, un violent débat s'en était suivi. Avait-on le droit de mettre en œuvre un tel programme sans recueillir l'avis préalable de la population ? Et toutes les précautions avaient-elles été prises pour éviter la prolifération de ces nouveaux insectes ?

Indifférente à ces critiques, Oxitec a continué. Notamment au Panama et dans l'État de Bahia, dans le nord-est du Brésil.

Dès à présent, l'usine, installée donc non loin de Piracicaba, « fabrique » chaque mois deux cent cinquante millions de larves « modifiées ». Et elle lâche chaque semaine sur l'agglomération pas moins de dix millions de moustiques. Il faut d'autant plus de mâles « modifiés » que les dames moustiques préfèrent les sauvages. Il semblerait qu'elles ne daignent s'accoupler avec un « modifié » qu'en désespoir de cause, quand elles n'ont rien de mieux à leur disposition…

Même si les tenants de cette méthode réfutent l'accusation de « *mosquito genocide* » (« Notre ennemi, c'est la dengue et le Zika, non le moustique »), cette extermination inquiète. Et comment pourrait-on ne pas s'interroger ?

La nature a horreur du vide. Qui va occuper la niche laissée vide par ces campagnes antimoustiques, quels insectes vont les remplacer ? Ceux-là ne seront-ils pas plus malfaisants, porteurs de parasites plus meurtriers ?

Autre raison de s'angoisser : comment vont se nourrir les animaux qui font leur ordinaire des moustiques, larves ou adultes ? Quelles seront les conséquences des famines chez les batraciens, chez les poissons d'eau douce et chez les oiseaux ? Notre agriculture ne sera-t-elle pas atteinte ?

Pour toutes ces raisons, d'autres chercheurs suivent une autre piste, celle du vaccin. Il s'agit de réveiller le système immunitaire du moustique. Pourquoi accepte-t-il sans réagir l'intrusion d'un étranger dans son corps ?

À l'Université de Californie (Irvine, soixante kilomètres de Los Angeles), Anthony James et son équipe modifient eux aussi l'ADN du moustique, à qui l'ordre est maintenant donné de détruire le parasite. Une autre méthode fait appel à une bactérie nommée Wolbachia. On sait qu'elle peut perturber la reproduction de certains insectes. Mais on lui a aussi découvert la capacité de bloquer la propagation de certains virus, dont celui de la dengue. Un Australien, Scott O'Neill, a ainsi fabriqué des *Aedes* infectés par cette bactérie alliée. On les a lâchés dans l'État du Queensland avec des résultats très encourageants. D'autres pays ont fait connaître leur intérêt : le Vietnam, l'Indonésie, le Brésil, la Colombie.

Et, chaque fois, la fondation Bill et Melinda Gates n'a pas mesuré son soutien. On sait que la lutte contre le paludisme est une de ses priorités. Son apport dans ce seul domaine aurait, depuis sa création, dépassé les... deux milliards de dollars. Désormais, la puissance de tels philanthropes l'emporte de beaucoup sur les moyens faiblissants des institutions publiques.

Quel que soit le choix retenu, éradiquer ou vacciner, demeure une difficulté majeure : la transmission des modifications du gène. Devra-t-on toujours déverser dans la nature des millions et des millions de mâles modifiés ? Technique sans doute dangereuse, mais aussi coûteuse. Pour rémunérer son service, la municipalité de Piracicaba, ville riche, verse chaque année à Oxitec une somme tenue secrète, mais dont on murmure qu'elle approche cinq cent mille dollars.

À l'échelle du Brésil tout entier, un programme de lâcher est prévu pour l'année 2017. Il devrait coûter dix-sept millions de dollars.

Les pays les plus pauvres, notamment africains, là où frappe le plus le paludisme, ne pourront se l'offrir. Même avec l'aide du couple Gates.

C'est alors qu'une nouvelle découverte prend tout son intérêt.

Forcer l'hérédité

La méthode du mâle stérile a montré ses limites : avant de parvenir à des résultats significatifs, il faut produire des millions et des millions de moustiques modifiés, puis les lancer dans la nature. La contrainte est celle de l'hérédité, dont les lois ont été découvertes par un moine morave vers le milieu du XIXᵉ siècle.

Johann Gregor Mendel naît le 22 juillet 1822, en Moravie (région orientale de la République tchèque, alors partie de l'Empire d'Autriche). Issu d'une famille pauvre, il choisit de se faire moine pour « échapper aux rudesses de la lutte pour la vie ». Et aussi pour continuer ses travaux de botanique, une science qui le fascine depuis l'enfance. Après des études de différentes sciences naturelles, à Vienne, il revient s'installer dans son monastère, où il crée un potager. Il y passe sa vie à étudier les petits pois comestibles. En 1866, il publie les résultats de ses recherches. Dans le milieu scientifique, presque personne ne prête attention aux travaux de ce moine inconnu. Pourtant, il y jetait les bases d'une science nouvelle, qu'on allait plus tard appeler la génétique.

Commençons par le commencement.

Dans un organisme sexué, les chromosomes vont par paires, l'un venant du père, l'autre venant de la mère. Ainsi, pour chaque gène, par exemple le gène de la couleur des yeux, nous avons deux gènes, l'un porté par le chromosome d'origine paternelle, l'autre porté par le chromosome d'origine maternelle.

Imaginons que, grâce à l'outil CRISPR-Cas9, on insère dans l'un des deux chromosomes d'un moustique mâle un gène de résistance au parasite responsable du paludisme.

Ce moustique mâle ainsi modifié sera relâché dans la nature, au sein de laquelle il faut espérer qu'il trouve une femelle à son goût. Selon toute probabilité, cette femelle n'aura pas été modifiée. Considérons-la comme « sauvage ».

Que peut-on attendre pour leur progéniture de cette alliance entre un moustique « modifié » et une moustique « sauvage » ?

Les tableaux suivants donnent la répartition du caractère transmis dans le chromosome par la manipulation.

Transmission « normale »

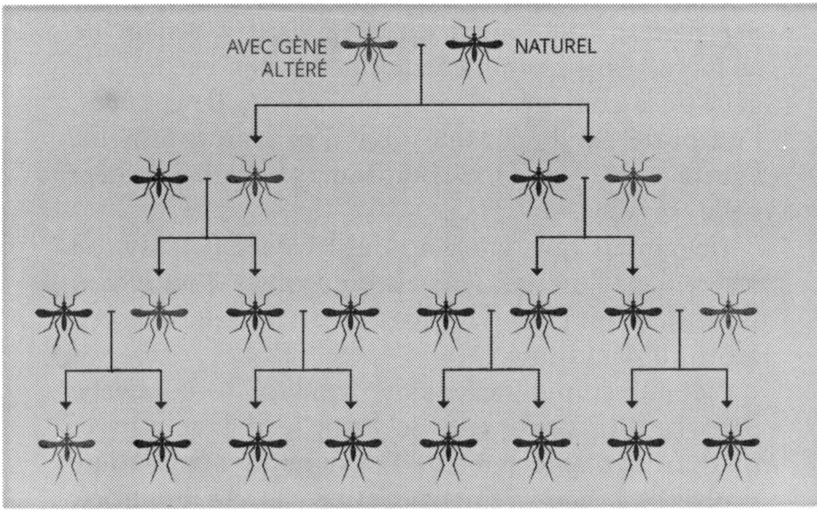

Après quatre générations seulement, les moustiques « modifiés », c'est-à-dire porteurs du gène de résistance au paludisme, sont noyés dans la foule des « sauvages ». La modification ne s'est pas transmise.

Cet échec a une raison : dans le chromosome, on n'a inséré *que* le nouveau gène. Les « outils » qui ont rendu possible l'insertion (dans notre langage, le laser de repérage et le missile qui a dégagé le terrain) ont été laissés de côté. Maintenant, imaginons que nous réussissions à les intégrer dans le chromosome. Ce chromosome sera alors doté du nouveau gène et des outils qui permettent de l'insérer partout. À peine installées, ces armes vont entrer en action. Elles repèrent dans l'autre chromosome l'endroit où intégrer le nouveau gène (celui de la résistance au parasite). Aussitôt dit, aussitôt fait. Et *les deux chromosomes*, celui qui vient de la mère et celui qui vient du père, se retrouvent *identiquement* modifiés.

La modification se transmet avec une tout autre efficacité.

Voici l'expansion de ce gène au cours des générations suivantes.

Transmission forcée

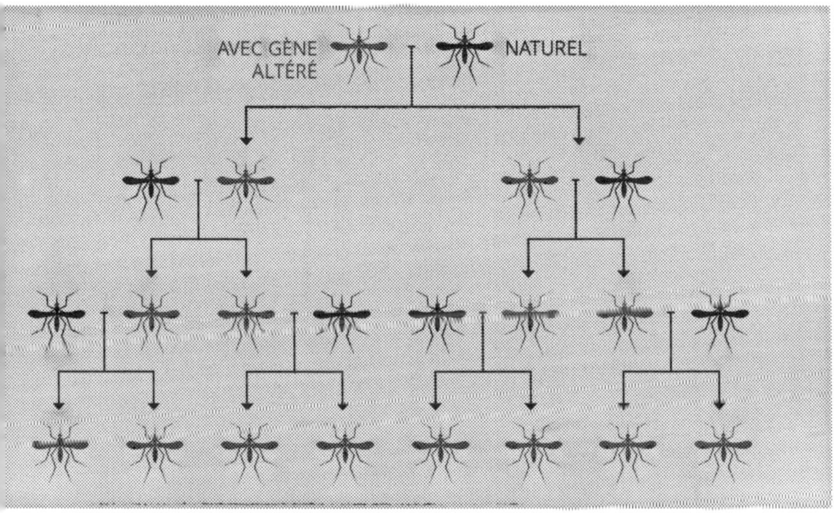

Ainsi l'hérédité se trouve-t-elle « forcée ». En langue anglaise, on appelle « *gene drive* » ce « forçage » du gène. Une révolution est en marche, dont peu de gens ont encore compris l'importance. Les lois de Mendel sont bouleversées. L'impact d'une modification opérée par CRISPR-Cas9 est infiniment démultiplié. Il suffit de quelques générations pour transmettre un gène à l'ensemble d'une population, par exemple le gène de la résistance au parasite, ou celui de sa destruction autoprogrammée.

Éloge de Montpellier

Vous que terrifie cette nouvelle lubie de *Post Truth Society*, « société d'après la vérité », avec son cortège de *Fake News*, de « faits alternatifs ».

Vous qui aimez d'amour le savoir.

Vous qui lui ferez toujours confiance pour améliorer l'état de la planète et l'existence de ses habitants.

Vous qui avez depuis longtemps compris que seul le partage de ce savoir le faisait progresser.

Vous qui en avez déduit, sagement, que l'interdisciplinarité est plus qu'une nécessité : une morale et une jouissance.

Vous qui n'avez pas abandonné le rêve des Lumières et l'ambition de l'*Encyclopédie*.

Prenez le train, l'avion, le vélocipède, l'automobile, le cheval, l'âne ou tout autre moyen de locomotion et gagnez la bonne ville de Montpellier.

Figurez-vous que Rabelais, entre autres, vous y avait précédé. Car le goût de connaître est très ancien en ce lieu. Savez-vous que sa faculté de médecine, créée au XIIe siècle, est la plus ancienne du monde ?

À Montpellier, réunis sur des hectares et des hectares, des milliers de chercheurs, de toutes les disciplines possibles, tentent de mieux comprendre les mécanismes de la vie (animale, en particulier humaine, et végétale).

C'est là, au cœur de cette effervescence, que s'est installé un laboratoire de l'IRD (Institut de recherche pour le développement). Il s'appelle... MiVEGEC. Cet acronyme particulièrement opaque cache une ambition démesurée. Qu'on en juge : « Maladies infectieuses et vecteurs : écologie, génétique, évolution et contrôle » !

Frédéric Simard, l'un des élèves de Didier Fontenille, y dirige une équipe de plus de cent personnes engagées dans le programme immense ci-dessus résumé.

Montpellier. N'était-ce pas le bon endroit pour achever notre voyage ? Le moment était venu de nous faire une opinion sur les perspectives vertigineuses ouvertes par les nouveaux outils de la génétique.

Avant d'entrer dans le vif du sujet, le directeur nous fait visiter un insectarium tout beau, tout blanc, tellement neuf qu'il n'a pas encore été inauguré. Cinq cents mètres carrés uniquement dédiés aux vecteurs, avec trois des quatre catégories de protection : P1, P2, P3. À l'entrée, une plaque de marbre rappelle l'identité de ceux qui ont financé : l'État français, l'Europe, la région...

C'est ainsi que je vais être présenté à un tuyau de verre, solennellement baptisé « olfactomètre » ; à côté, sur la longue table, voici un « antennogramme ». Comme vous l'avez deviné, les deux instruments servent à mesurer les réactions des moustiques aux odeurs. Dans d'autres salles, on étudie, comme à Cayenne, les résistances aux divers insecticides, les mécanismes d'action des répulsifs... Plus généralement, ce sont toutes les étapes de l'existence du moustique et du cycle du parasite qui sont passées au crible.

« Pour avoir une chance de vaincre l'ennemi, mieux vaut le connaître, non ? argumente Frédéric Simard. L'efficacité (provisoire) du DDT nous a poussés à la paresse. Puisqu'il suffisait d'asperger pour éradiquer, pourquoi se donner la peine de comprendre ? En conséquence, pourquoi embaucher des entomologistes ? S'il a occis beaucoup de moustiques, ce "produit magique" a aussi beaucoup freiné la science. »

Ailleurs dans le bâtiment, on me montre les plans et les photos de « cases pièges ». Construites dans différents villages africains et asiatiques, elles servent à tester l'efficacité des différentes moustiquaires et les meilleures manières de les installer. Frédéric Simard continue son propos :

« Tout le monde sait que la prévention – pour ce qui nous concerne : empêcher les moustiques de piquer – est, de loin, le moyen le plus efficace pour faire reculer les maladies. Mais la prévention a un défaut : elle ne propose pas de nouveaux produits à la vente. Qui s'intéresse à une activité sans chiffre d'affaires ? »

En l'écoutant, je me dis que sa remarque vaut pour la médecine française dans son ensemble. Si la qualité de nos soins ne peut toujours pas être contestée, la santé de notre population décline, faute, justement, de cette prévention. Si les autorités n'arrêtent pas d'en parler, n'est-ce pas le meilleur moyen pour elles de toujours repousser sa mise en œuvre ?

De retour dans le bureau, l'heure est venue d'aborder *le* sujet, celui qui fâche. Le directeur-adjoint du MiVEGEC, François Renaud, est venu nous rejoindre. C'est un autre grand savant. J'ai le trac. Pourtant, je me suis préparé. J'ai lu de très nombreuses pages sur la question. Et, dans la controverse, j'ai souvent hésité, penchant tantôt d'un côté, tantôt de l'autre… Au départ, mon incompétence me forçait au doute. Je n'avais aucune religion. Comme un vieil étudiant timide – qui suis-je d'autre ? –, j'ai sorti un petit papier sur lequel j'avais tenté de résumer au mieux la question. Et, sous le regard étonné du directeur, j'ai lu.

Faut-il rejeter, en bloc, ciseaux moléculaires et forçage génétique pour cause d'incertitude sur leurs conséquences ? Le risque existe-t-il vraiment de nous retrouver, tels des apprentis sorciers, dépassés par nos découvertes ?

Ou, considérant que, pour sauver la vie de tant de gens, parmi lesquels tellement d'enfants (mille par jour), devons-nous accepter ces nouvelles armes, en encadrant au mieux leur emploi… si ce contrôle est possible ?

Voici la réponse.

« La méthode du mâle stérile ? Pourquoi pas ? C'est une méthode sur laquelle nous travaillons. Dans certains contextes (îles, villes, camps de réfugiés…) et à certaines périodes, elle pourrait bien permettre de faire la différence. Après tout, les mâles stériles n'ont, par définition, pas de descendance : ils ne risquent donc pas d'envahir la planète, pas plus qu'ils ne menacent l'espèce d'extinction. En combinaison avec d'autres méthodes de lutte (insecticides, répulsifs, destruction des gîtes larvaires…), ils peuvent nous aider à limiter les risques d'épidémie, là où c'est le plus nécessaire.

« En revanche, jouer avec les lois de l'hérédité, je ne nous y lancerais pas. Donner sciemment au moustique le pouvoir de modifier lui-même, et avec une telle efficacité, son propre patrimoine génétique en pensant qu'on en restera là, c'est bien mal connaître les mécanismes de la vie. Notre histoire, et celle, beaucoup plus vaste, des moustiques et des parasites, prouvent que rien ne s'arrête jamais. La probabilité est forte qu'un jour le « kit » du forçage déraille. Un monstre en surgira, doté d'un gène avec une malfaisance inconnue contre laquelle nul ne pourra rien. Et je ne crois pas aux discours de ces bricoleurs qui nous promettent de toujours "pouvoir revenir en arrière". »

Après longue et mûre réflexion, cette réponse est devenue notre conviction.

Oublions le rêve d'une « balle en argent » capable de nous débarrasser « une bonne fois pour toutes » des moustiques. Acceptons de gérer cette cohabitation indissociable du développement de nos sociétés.

CONCLUSION

Décidément, nos ennemis les moustiques ne se contentent pas de piquer. Ils racontent. Au lieu de les écraser tout de suite sur le mur, il valait la peine de s'aventurer dans leur monde et d'y tendre un peu l'oreille.

La première histoire qu'ils ont à nous dire, c'est l'histoire d'une *absence*. Comme nous l'avons appris tout au long de notre enquête, dans la nature, *il n'y a pas de frontières*.

Pas de frontières entre tous les animaux, dont nous, hommes et femmes, faisons partie.

Pas de frontières entre vertébrés, insectes et parasites. Tout ce petit monde voyage sans se gêner ni montrer de passeport à quiconque.

Pas de frontières pour les moustiques qui envahissent à leur rythme, rapide, la totalité de la planète. Les premiers œufs d'*Aedes albopictus*, le moustique-tigre, ont débarqué aux États-Unis dans… un stock de vieux pneus. Quoi de plus symbolique ? Quelle mondialisation sans passagers clandestins ?

Pas de frontières entre ce que nous appelons fièrement la « modernité » et ce que nous nommons, avec un mélange de terreur et de mépris, le « monde sauvage ».

Rendez-vous à Cayenne, dans cette si passionnante Guyane. Des chauves-souris pleines de redoutables virus vivent à vingt minutes du centre-ville. Continuez d'urbaniser et vous les verrez se venger. Qui accepterait sans réagir d'être sans cesse chassé de son logis ?

La deuxième histoire est celle de l'*intranquillité*.

Car voici une autre vérité, aussi inconfortable que la première : il n'y a pas de rentes, dans la nature, donc dans la vie. Pas de situations pour toujours acquises. Pas de victoires à jamais remportées. La vie n'est qu'une longue suite de remises en cause. Pour une simple raison : tout le monde veut vivre. Alors, quand nous inventons une drogue pour tuer ceux qui nous dérangent, figurez-vous que ces minuscules bêtes résistent. Et, pour résister, elles mutent. Nous nous retrouvons comme des idiots avec nos médicaments devenus inutiles puisque leurs cibles ont changé.

Nous voici au cœur de la dynamique du vivant. Lors d'une de ses leçons, Didier Fontenille m'a bien résumé l'affaire :

« Si on suit Lamarck, le long cou des girafes leur a été donné pour manger les plus hautes des feuilles. Les mutations se développent pour permettre la survie. Un peu trop déterministe, non ?

« Si on suit Darwin, les bêtes au long cou pouvaient, mieux que les autres, atteindre les feuilles hautes. Elles ont donc mieux survécu et ont fabriqué des bébés portant tous le gène long cou. De même, parmi les milliards de mutations, la plupart dues au hasard, certaines offrent un avantage. Elles seront sélectionnées, puis transmises. C'est le grand dialogue, cher à Jacques Monod, entre le hasard et la nécessité. »

La troisième histoire est celle de l'*apprenti sorcier*. À vouloir jouer avec le cœur même de la vie, forte est la probabilité qu'elle se venge. Elle a plus d'un tour dans son sac, on l'a vu. N'oubliez pas qu'elle existe depuis plus de quatre milliards d'années. Qui dit mieux, parmi les entreprises ? La vie est LA *start up* qui a le mieux réussi. Et les insectes sont les champions des entrepreneurs. Qui invente mieux, qui mieux s'adapte, mieux rebondit, mieux trouve et retrouve des niches toujours profitables ? Qui transmet mieux, et plus, à autant de descendants ?

De ces trois histoires racontées par les moustiques, au fond, que nous reste-t-il ?

De l'effroi, souvent, car la vie, c'est Dr Jekyll et Mr Hyde. Douce un jour, le lendemain elle vous invente des horreurs de maladies.

Un peu plus d'humilité.

Mais, d'abord et surtout, de l'émerveillement.

Le plus beau titre de livre a été inventé par un écrivain italien qui s'appelait Cesare Pavese : *Le Métier de vivre*.

C'est ce métier-là que nous racontent les moustiques.

Remerciements

Depuis une bonne décennie, j'explore cette « mondialisation » qui bouleverse nos espaces, économiques, sociaux et mentaux. Je cherchais un point de vue me permettant d'aborder la question de la santé. Comme on sait, bactéries et virus se moquent des frontières. D'autant plus que nous, leurs porteurs et victimes potentiels, ne cessons de voyager. La santé, de même que la maladie, est devenue globale, comme ne cesse de nous le rappeler notre Prix Nobel Françoise Barré-Sinoussi. Merci à elle pour le rappel constant de cette évidence.

L'idée, la bonne idée, nous a été donnée par Christian Bréchot. Il venait de me faire cet honneur immense : me nommer ambassadeur de cet Institut Pasteur qu'il dirige.

« Et maintenant, il faut vous rendre utile, me dit il (en substance). Pourquoi ne pas raconter l'histoire des moustiques ? »

Dès le lendemain, nous nous sommes mis au travail. Et, chaque jour, nous avons mesuré la fécondité de cette suggestion. Merci, merci d'abord à monsieur Bréchot !

À chaque étape de cette enquête passionnante, nous avons rencontré des professeurs exceptionnels. Exceptionnels de savoir, bien sûr, mais aussi de patience, de disponibilité, de bienveillance. De générosité.

Nous ne les avons pas salué(e)s dans ce livre autant qu'ils (ou elles) le méritaient. Alors MERCI à eux, du fond du cœur !

MERCI à ceux qui nous ont fait découvrir le monde enchanté (et souvent terrifiant) des insectes.

MERCI à nos chers enseignants : Anna-Bella Failloux, François Rodhain, Didier Fontenille, Gilles Bœuf, Mirdad Kazandji, Frédéric Simard, Amadou Alpha Sall. Nous leur devons, aussi et d'abord, une formidable leçon sur la nature même de la vie. Une vie dont nous, humains et vertébrés, n'avons pas, loin, très loin de là, le monopole.

Cette vie dont j'ai découvert, par les leçons et par les livres, et mieux vaut tard que jamais, certains des mécanismes fondamentaux. MERCI à mes premiers professeurs de biologie : Alice Dautry, Maxime Schwartz, Annick Perrot, Pascale Cossart ...

MERCI au docteur Eric Lundwall qui a bien voulu nous communiquer quelques-uns des secrets des répulsifs.

MERCI à Guy Vallancien, Philippe Sansonetti, Arnaud Fontanet. Dans notre société, menacée par les escrocs de l'*après-vérité* et des *faits alternatifs*, ces médecins, parmi d'autres, nous ont appris à mieux comprendre les enjeux concrets du savoir et les coûts humains de l'ignorance. Car prospèrent aujourd'hui, sur tous les réseaux, des opinions qui tuent, ainsi celles qui prônent le refus des vaccins.

MERCI au docteur Jean-François Chambon. Une idée court, selon laquelle, l'âge venant, aucun ami intime ne vous arrive plus, aucun nouveau frère. D'expérience, je puis vous assurer que cette idée est fausse. La preuve ? Jean-François.

Et MERCI au coup de pied aux fesses reçu d'un Prix Nobel.

« Qu'un ignorant tel que toi occupe le fauteuil de Pasteur à l'Académie française, c'est une honte ! Soigne-toi ! »

Ce Nobel s'appelait François Jacob.

Ce livre fait partie de mon traitement.

Quelques orientations bibliographiques

Pour faire connaissance avec les insectes, rien ne vaut la lecture du chef-d'œuvre de Jean-Henri Fabre : *Souvenirs entomologiques*, Robert Laffont, collection Bouquins.

Pour prolonger votre éducation, en abordant la dimension médicale de l'affaire, plongez-vous dans le livre de François Rodhain. Il restera notre bible : *Le parasite, le moustique, l'homme... et les autres*, Docis, 2015. Vous compléterez utilement par l'ouvrage qu'il a écrit avec Maxime Schwartz : *Des microbes ou des hommes. Qui va l'emporter ?* Odile Jacob, 2008.

Si vous souhaitez apprendre l'essentiel, rien ne vaut *Alerte aux moustiques ?* Un modèle d'exposé bref (80 pages), clair, précis, pratique et joliment illustré. Il est signé par Frédéric Simard, Laurence Farraudière et André Yébakima, IRD, Scitep éditions, 2016.

Si le sujet vous a, comme nous, passionnés, vous souhaiterez aller plus loin.

Voici quelques-uns des livres qui nous ont le mieux nourris.

Vincent Albouy : *Histoires remarquables. Les insectes*, Delachaux et Niestlé, 2015.

Jacques Blondel : *L'Archipel de la vie*, Buchet/Chastel, 2012.
Claude Combes : *L'Art d'être parasite, les associations du vivant*, Flammarion 2010.
Christine Cousteau, Olivier Hertel : *La Malédiction du cloporte, et autres histoires de parasites*, Points Seuil, 2010.
Frédéric Darriet : *Des moustiques et des hommes, chronique d'une pullulation annoncée*, IRD éditions, 2014.
Roland Lupoli : *L'Insecte médicinal*, Éditions Ancyrosoma,. 2010.
Virginie Maris : *Philosophie de la biodiversité*, préface de Gilles Bœuf, Buchet/Chastel, 2010.
Jean-François Saluzzo, Pierre Vidal, Jean-Paul Gonzalez : *Les Virus émergents*, IRD éditions, 2005.
Maxime Schwartz et Annick Perrot : *Le Génie de Pasteur au secours des poilus*, Odile Jacob, 2016.

Merci à la presse quotidienne. Le sujet semble l'inspirer. La qualité de l'information qu'elle offre depuis quelques années est impressionnante. Et aussi sa mesure durant les épidémies. Vous trouverez sur les sites des journaux la référence d'articles de synthèses souvent passionnants, notamment sur les ciseaux moléculaires et le forçage génétique.

Mention particulière aux revues, qui disposent de plus d'espace.

D'abord la formidable *Salamandre*, « la revue [suisse] des curieux de nature ». Ne vous contentez pas du numéro 199, août-septembre 2010 : « Moustique, ennemi public ? », abonnez-vous !

Et, bien sûr, *La Recherche* : « Vaincre les épidémies » (hors-série : octobre-novembre 2016).

Pour aller plus loin avec les experts de l'Institut Pasteur, rendez-vous sur le site

www.pasteur.fr/fr/geopolitique-moustique

Table

OUVRAGES DU MÊME AUTEUR

Loyola's Blues,
roman, Éditions du Seuil, 1974 ; coll. « Points ».

La Vie comme à Lausanne,
roman, Éditions du Seuil, 1977 ;
coll. « Points », prix Roger- Nimier.

Une comédie française,
roman, Éditions du Seuil, 1980 ; coll. « Points ».

Villes d'eau,
en collaboration avec Jean- Marc Terrasse,
Ramsay, 1981.

L'Exposition coloniale,
roman, Éditions du Seuil, 1988 ;
coll. « Points », prix Goncourt.

Besoin d'Afrique,
en collaboration avec Éric Fottorino
et Christophe Guillemin,
Fayard, 1992 ; Le Livre de Poche.

Grand amour, mémoire d'un nègre,
roman, Éditions du Seuil, 1993 ; coll. « Points ».

Mésaventures du Paradis,
mélodie cubaine, photographies de Bernard Matussière,
Éditions du Seuil, 1996.

Histoire du monde en neuf guitares,
accompagné par Thierry Arnoult, roman, Fayard, 1996 ;
Le Livre de Poche.

Deux étés,
roman, Fayard, 1997 ; Le Livre de Poche.

Longtemps,
roman, Fayard, 1998 ; Le Livre de Poche.

Portrait d'un homme heureux, André Le Nôtre,
Fayard, 2000.

La grammaire est une chanson douce,
Stock, 2001 ; Le Livre de Poche.

Madame Bâ,
roman, Fayard/Stock, 2003 ; Le Livre de Poche.

Les Chevaliers du Subjonctif,
Stock, 2004 ; Le Livre de Poche.

Portrait du Gulf Stream,
Éditions du Seuil, 2005 ; coll. « Points ».

Dernières nouvelles des oiseaux,
Stock, 2005 ; Le Livre de Poche.

Voyage aux pays du coton,
Fayard, 2006 ; Le Livre de Poche.

Salut au Grand Sud,
en collaboration avec Isabelle Autissier,
Stock, 2006 ; Le Livre de Poche.

La Révolte des accents,
Stock, 2007 ; Le Livre de Poche.

A380,
Fayard, 2007.
La Chanson de Charles Quint,
Stock, 2008 ; Le Livre de Poche.

L'Avenir de l'eau,
Fayard, 2008 ; Le Livre de Poche.

Courrèges,
X. Barral, 2008.

Rochefort et la Corderie royale,
photographies de Bernard Matussière,
Chasse- Marée, 2009.

Et si on dansait ?,
Stock, 2009 ; Le Livre de Poche.

L'Entreprise des Indes,
roman, Stock, 2010 ; Le Livre de Poche.

Princesse Histamine,
Stock, 2010 ; Le Livre de Poche Jeunesse.

Sur la route du papier,
Stock, 2012 ; Le Livre de Poche.

La Fabrique des mots,
Stock, 2013.

Mali, ô Mali,
Stock, 2014.

La vie, la mort, la vie
Louis Pasteur 1822-1895
Fayard, 2015.

L'Origine de nos amours
roman, Stock, 2016.

Composition et mise en pages
Nord Compo à Villeneuve-d'Ascq

CET OUVRAGE
A ÉTÉ ACHEVÉ D'IMPRIMER
SUR ROTO-PAGE
PAR L'IMPRIMERIE FLOCH À MAYENNE
EN MARS 2017

PAPIER À BASE DE
FIBRES CERTIFIÉES

Fayard s'engage pour
l'environnement en réduisant
l'empreinte carbone de ses livres.
Celle de cet exemplaire est de :
0,850 kg éq. CO_2
Rendez-vous sur
www.fayard-durable.fr

Dépôt légal : mars 2017
N° d'impression : 90898
85-0271-9/01
Imprimé en France